KB139660

인스타그램, 순간을 남기면 보이는 나

평범한 일상이 선물이 되다
인스타그램, 순간을 남기면 보이는 나

초판 1쇄 2019년 7월 26일

지은이 사라 태스커(Sara Tasker)
옮긴이 임지연
발행인 최홍석

발행처 (주)프리렉
출판신고 2000년 3월 7일 제 13-634호
주소 경기도 부천시 원미구 길주로 77번길 19 세진프라자 201호
전화 032-326-7282(代) **팩스** 032-326-5866
URL www.freelec.co.kr

편집 고대광, 서선영
표지 디자인 섬세한 곰. 김미성
본문 디자인 박경옥

ISBN 978-89-6540-246-6

이 책은 저작권법에 따라 보호받는 저작물이므로 무단 전재와 무단 복제를 금지
하며, 이 책 내용의 전부 또는 일부를 이용하려면 반드시 저작권자와 (주)프리렉의
서면 동의를 받아야 합니다.
책값은 표지 뒷면에 있습니다.
잘못된 책은 구입하신 곳에서 바꾸어 드립니다.
이 책에 대한 의견이나 오탈자, 잘못된 내용의 수정 정보 등은 프리렉 홈페이지
(freelec.co.kr) 또는 이메일(webmaster@freelec.co.kr)로 연락 바랍니다.

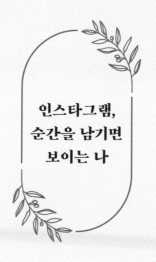

인스타그램,
순간을 남기면
보이는 나

평범한 일상이 선물이 되다

사라 태스커 지음 | 임지연 옮김

프리렉

HASHTAG AUTHENTIC

Copyright © 2019 by Sara Tasker

Korean-language edition copyright © 2019 by FREELEC

Published by agreement with Quarto Publishing Plc and Danny Hong Agency

이 책의 한국어판 저작권은 대니홍 에이전시를 통한 저작권사와의 독점 계약으로 프리렉에 있습니다.

저작권법에 의해 한국 내에서 보호를 받는 저작물이므로 무단전재와 복제를 금합니다.

CONTENTS

들어가며

보통의 성공학 지침서에 따르면 나는 절대 성공하지 못할 유형입니다. 사교적이지도 않았고 소심했으며, 자신감도 없었고 내 꿈을 실현할 어떤 선택도 하지 않았으니 말이죠. 좋은 사진작가가 되고 싶다고 생각했지만, 대학교 전공으로 사진을 선택하진 않았습니다. 글쓰기를 좋아했기에 저널리즘을 공부해볼까 생각했지만, 내게 쉽게 올 것 같지 않은 기회를 기다리며 런던으로 갈 용기도 없었습니다. 대신 혼자만의 조용하고 단순한 삶을 꾸리며, 꿈꾸던 것들을 무리해 도전할 필요 없는 취미 정도로 타협했습니다. 원대한 꿈은 나와는 다른 사람들에게나 허용된 것이라고 스스로 되뇌었습니다. 나보다 더 유복한 집안 출신에, 체력과 정신력이 더 강하고, 더 많은 기회를 가진 사람들 말입니다. 그런데 인스타그램이 내 세계관을 바꾸었습니다. 스마트폰 무료 앱에 이 공을 돌린다면 어이없게 들리겠지만 사실이랍니다. 계정을 만들고, 사진을 찍어 단상을 공유하면서 내 삶에 많은 변화가 생겼으니까요. 종이공처럼 꼬깃꼬깃 뭉쳐 있던 내 인생은 오래전 잊은 지도를 펼친 듯 미지의 세상을 향해 펼쳐졌습니다.

당시 나는 육아휴직 중이었습니다. 엄마 노릇 하는 법을 배우며 절망적인 상실감에 젖어 있었지요. 콘크리트와 다른 집 담벼락만 보이는 도심 한복판 집에 있는 게 싫었습니다. 내 직장, 내가 돌보던 환자들 그리고 쓸모있는 사람이라는 존재감이 그리웠습니다. 엄마라는 새로운 역할은 마치 지금 걸친 수유복처럼 어색했고, 엄마가 아닌 나 자신이 그리웠습니다. 잠든 아기 곁에 앉아, 사실 엄마에겐 활용할 엄두도 내지 못했지만 숨겨진 재능과 재주가 있다고 어떻게 말해줘야 할까 생각했지요. 이러한 사념에 사로잡혀 친구를 찾아, 그리고 위로를 찾아 스마트폰을 켰습니다. 그리고 그때 인스타그램을 발견했습니다.

인스타그램은 내 창의성이 발붙이고, 다른 부모를 비롯해 제작자, 작가, 예술가, 코치 등 여러 사람과 관계를 맺을 수 있는 공간이었습니다. 나의 정체성을 확장할 수 있는 장소이자 오랫동안 열을 올린 인터넷 포럼 활동의 경험이 활용될 수 있는 곳이었습니다. 온전히 나다울 수 있는 공간 같았습니다. '실생활'의 영역에서는 조금도 발견할 수 없었던, 아니 솔직히 말하면 아직도 찾지 못한 공간이었지요.

계정명을 나와 딸아이 이름을 따서 'me_and_orla'라고 정했습니다. 길고 공허한 낮 시간을 표현하는 전부였으니까요. 나는 소소한 일상을 공유하기 시작했습니다. 창가에 매달린 배, 커튼 사이로 쏟아지는 오후 햇살, 딸아이와 3km를 걸어가 먹은 케이크 한 조각 같은 사진으로요. 그런데 구식 DSLR을 챙겨 다니자니 여간 힘들지 않더군요. 그래서 아이폰으로만 사진을 찍기로 했고, 그때부터 어딜 가든 들고 다니는 스마트폰 카메라와의 오랜 사랑이 시작되었습니다. 그 해 1월 1일, 목표를 세웠습니다. 매일 포스팅을 하고 연말까지 팔로워 1,000명 만들기였죠. 목표는 한 달 만에 초과 달성되었고 4월엔 인스타그램에서 인기를 끌면서 4만 명에 가까워졌습니다.

이때부터 결실을 보기 시작했습니다. 구독자(팔로워) 수가 늘어나고 유용한 인스타그램이 되면서 수익성 좋은 인플루언서로 활동하기 시작해, 언론에 등장하고 새로운 친구들을 사귀고 방방곡곡 돌아다니며 신나는 일을 경험하게 된 겁니다. 덕분에 직장을 그만두고 외곽으로 이사할 수 있었습니다. 창밖으로 푸른 언덕과 하늘이 내다보이는 포근한 집으로 말이죠. 그리고 진짜 열정을 찾았습니다. 가슴이 요동치는 느낌이었어요. 어떻게 이런 감정을 찾게 되었는지 얘기하고, 내가 사진 찍기와 소셜 미디어, 인스타그램 등에 대해 알고 있고 배운 것을 듣고자 하는 이들과 공유하고 싶었지요. 낡은 규칙이 적용되지 않는 디지털 세상에서 의미를 찾는 방법을 알려주고 싶었습니다.

멘토링으로 시작해 소셜 미디어 온라인 강좌를 열었습니다. 이 강좌는 점차 오늘날 나와 남편이 온종일 매달려야 하는 억대 매출 규모의 사업으로 성장했고, 덕분에 딸 올라와 즉흥적으로 여름 소풍을 나서거나, 스케줄이 허락할 때면 내키는 대로 여행을 떠날 충분한 시간과 공간의 자유를 얻었습니다. 'Hashtag Authentic'이라는 무료 팟캐스트를 운영하면서 수많은 동료와 관계를 맺을 수 있었고, 강연을 통해 지난 30년 동안의 나보다 더 다양한 경험을 할 수도 있었습니다. 마리끌레르, 코스모폴리탄, 스타일리스트 등 좋아하는 잡지에 실리고, BBC 라디오 방송에 출연했으며, 10대 시절 우상이었던 유명인과 DM을 주고받기도 했습니다. 모두 인생 최고의 성취라는 데 동의할 만한 경험이죠.

하지만, 무엇보다 중요한 건 온전히 나다운 삶을 살고 있다는 점입니다. 직접 겪고 좌충우돌 도전하며, 내 딸이 나처럼 스스로 놓은 덫에 발목 잡히지 않고 살아가는 데 보탬이 될만한 귀중한 교훈을 배우고 있습니다.

내 안의 창조성을 인지하고 나와 같은 방식으로 세상을 바라보는 이들을 찾기까지의 과정은 변화무쌍했습니다. 멈춰서 내가 할 수 있었던 모든 것을 받아들이자, 답을 찾을 수 없던 단 한 가지 질문이 떠올랐습니다. '어째서 누구도 내게 이런 일이 가능하다고 말해주지 않았지?'. 내가 이 책을 쓴 건, 전에 누구도 말해주지 않았던 것을 전달하고 싶은 바람에서 시작했습니다. 뭐든 할 수 있다고, 지금의 당신 그대로도 충분하다고 말입니다. 살을 5kg 빼거나 다른 시기를 기다릴 필요 없습니다. 당신이 무엇을 갖고 있고 여기까지 어떻게 왔든, 중요한 건 마음의 소리를 따르기 시작하는 것입니다.

철없는 짓이라고 말하는 사람들도 있을 겁니다. 인생에는 쉽게 이해할 수 없는 사람들이 있기 마련이니까요. 괜찮아요. 그런 건 중요하지 않습니다. 우선 행동에 옮기세요. 그리고 나를 비롯한 당신의 아군이 당신을 응원하고 있다는 것을 믿으세요.

인터넷은 거대하고 다양하며 다채로운 공간입니다. 그 안에 뛰어들어 당신의 세계를 공유하고 무엇이 당신을 기다리고 있는지 경험해 보세요.

비주얼 스토리텔링

사진에 담긴 문화

할아버지는 사진을 찍으셨다. 수백 장이 넘는 사진, 작은 직사각형 하나하나를 만들고자 사랑이 담긴 과정을 거쳐야 했다. 할아버지는 먼저 빛의 방향을 확인하고 신중하게 배경을 고른 다음, 순간을 포착해 필름에 담으셨다. 그러곤 며칠, 때로는 몇 주 뒤 현상소에 가서 인화해 뒷면에 유려한 손글씨로 언제, 어디, 어떤 상황인지 적어 넣는 걸로 마무리하셨다.

이제는 할아버지와 할머니 두 분 모두 세상을 떠났지만, 사진은 남았다. 우리는 할아버지 댁을 정리하며 많은 사진을 발견했다. 그곳은 잊었던 추억과 사랑이 담긴 보물 창고였다. 베니스의 유명한 랜드마크 앞에서 미소 짓는 할아버지 할머니, 말쑥한 헤어스타일을 하고 이집트 피라미드의 뜨거운 돌계단 위에 앉아 있는 앳된 스무 살 군인이던 할아버지, 장난감을 든, 친구들과 놀고 있는, 크리스마스 트리 앞에 선 이가 빠진 우리 남매, 교복을 입고 있는 모습, 우는 모습, 엄마가 만들어준 할로윈 가면을 쓴 모습도 담겨 있었다. 우리의 소중한 추억 창고이자 멋진 마법 같은 선물이었다.

이제 시대가 변했다. 더 이상 누구도 사진을 인화하지 않고, 사진 찍은 날짜와 장소를 적을 필요도 없다. 우리는 늘 들고 다니는 카메라를 사용해 매일매일 자신만의 작은 창고를 채워가고 있다. 스마트폰과 디지털 사진 기술의 발전으로 할아버지께서 겪었던 비용과 접근성 문제가 없어졌지만, 그만큼 사진을 찍을 때 덜 생각하게 되었다.

사진을 인화하는 데 돈과 시간을 소비하던 시절엔 사진 찍을 때 생각해야 했다. 이제 우리는 무제한으로 사진을 찍을 수 있는 축복받은 시대에 살고 있다. 분명, 나를 비롯 수많은 디지털 포토그래퍼들은 예전과 같은 제한이 있었다면 결코 자신의 능력을 발견하지 못했을 것이다. 우리는 마음껏 실험하며 50장을 찍고서 단 한 장만 남길 수 있다. 얼마나 멋지고 자유로운가. 반면에 덜 생각한다는 단점도 있다. 적절한 각도인지, 포토그래퍼의 눈으로 면밀히 따져보지 않는다. 그게 뭐가 중요한가? 어차피 페이스북에 올린 다음 그런 사진이 있는지도 잊을 텐데 말이다.

하지만 나는 그런 과정이 중요하다고 믿는다. 디지털 시대에 우리 삶의 사진을 놓는 장소는 바뀌었지만, 사진의 의미가 퇴색되진 않았으니 말이다. 마음을 담아 솜씨 좋게 창의성을 발휘한 사진으로 친구, 가족 그리고 더 넓은 사회, 심지어는 자기 자신과도 끈끈한 관계를 맺을 수 있다.

사진 촬영의 대중화

다행히 우리는 그 어느 때보다 사진 기술이 발달한 시대에 살고 있다. 한때는 고소득자의 전유물이었던 카메라는 스마트폰이나 태블릿 PC에 내장되어 핸드백이나 주머니에 항상 있는, 세계 어디서나 흔히 볼 수 있는 물건이 되었다. 더 이상 비싼 필름 비용과 인화까지 걸리는 오랜 시간을 투자하여 배우지 않아도 된다. 이제 누구든 추가 비용 없이 사진 100장은 너끈히 찍을 수 있고, 전부 지우거나 내키면 200장을 더 찍을 수도 있다. 사진 촬영을 둘러싼 장벽은 무너져 이제 누구든 진입할 수 있다.

지금은 우리의 감각을 자극하는 다양한 목소리와 이야기, 창작품이 넘쳐나는 흥미진진한 시대이며, 인스타그램 같은 플랫폼의 진화로 이러한 작품들의 공유가 더욱 쉬워졌다.

사람들에게는 저마다 이야깃거리가 있다. 하지만 인류 역사상 다양한 목소리를 담은 채널은 거의 없었다.

여성, 유색인종, 장애인, LGBTQ 커뮤니티와 이 밖에 많은 소수자는 예술과 출판물에서 그들에 대한 표현이 부족한 탓에 보이지 않는 존재처럼 느끼며 살아왔다. 그런데 인터넷과 인스타그램 같은 플랫폼은 모든 사람에게 인류 역사상 처음으로 자신의 목소리를 낼 기회를 주었다. 이는 주류 미디어가 블로거와 유튜버, 인스타그램 스타를 조롱하는 큰 이유이기도 하다. 우리가 구닥다리 지침서를 따르지 않고, 항상 들어온 이야기를 하지 않기 때문이다.

우리는 여전히 이런 낡은 규범의 틀로 쉽게 판단하곤 한다. 인스타그램은 이제 과포화 상태 아닌가? 내 모닝 커피를 공유한다고 해서 세상이 바뀌기나 할까? 물론 그렇지 않겠지만, 그렇다고 해서 아무 가치가 없다는 의미는 아니다.

매일 커피를 마시며 시간을 보내는 습관은, 인스타그램을 보는 다른 지친 엄마에게 똑같은 행동을 해도 된

다는 허락의 뜻을 전할 것이다. 플라스틱 커피 파드를 자연분해 제품으로 바꾸었다며 당신이 쓴 캡션은 다른 몇몇 사람들에게도 똑같은 일을 하도록 자극하고, 그렇게 플라스틱 없는 세상에 한 걸음 더 가까워질 것이다. 사진에 태그한 카페는 당신 덕분에 새로운 동네 손님을 얻고, 결과적으로 조금 더 많은 이익을 얻게 된다. 관계 맺기와 의사소통, 공동체 형성이라는 특징은 소셜 미디어의 저평가된 비밀 무기이다. 그리고 여기에 조용하고 부드럽지만, 천천히 세상을 바꿀 힘이 실리고 있다.

우리가 좋아하는 작가, 뮤지션, 스승, 롤모델이 자신

들의 목소리가 그리 영향력 있지 않다고 생각했다면 어떻게 됐을까? 당신과 비슷한 사람들이 쓴 블로그 포스팅이나 글을 읽고 죄책감이 덜어지거나 동질감을 느끼고 혹은 깨달음을 얻은 적이 얼마나 있었나?

인스타그램은 과포화 상태가 아니다. 오히려 충분히 포화하지 않았다. 우리는 더 많은 사람의 다양한 관점이 필요하다. 지금부터 불협화음을 내는 목소리가 필요할 것이다. 100년 후에 우리의 삶은 고전(혹은 입체영상 홀로그램 북이든, 그때 가진 무엇이든) 속에서 언급될 것이며 그 안에는 우리 모두를 위한 자리가 있으니 말이다.

자신이 가진 것으로 시작하기

새로운 취미나 기술을 배울 때면 늘 자기 자신에게 의심을 품기 마련이다. 잘 해낼 수 있을까? 내가 만든 작품을 좋아하는 사람이 있을까? 인연을 맺으려는 사람들에게 거절당하지 않을까? 상황이 가장 좋을 때도 이 작은 불안을 달래기는 어려운데, 재정적으로뿐 아니라 감정적으로 새로운 기교를 수용하는 도약을 이루어야 한다면 더욱 힘들다.

비용을 감당할 경제적 능력은 고려하지 않고서 취미를 위해 과도하게 지출하는 경우도 있다. 시작하면서 최고급 장비를 마련한 뒤, 막상 거의 사용하지도 않고 방치해 둔 장비가 집 한구석에 남아있는 경험이 있다면 당신도 잘 알 것이다. 아무리 훌륭하거나 멋지고 꼭 필요한 듯 보여도, 물건을 사는 것과 실제로 작업하는 것은 전혀 별개의 문제라는 걸. 그러니 'X, Y, Z를 갖춰야만 시작할 수 있어!'라고 말하는 작은 목소리를 무시하는

법을 배워야 한다.

이런 이유에서 지금 당신이 가진 것으로 시작하라고, 스마트폰이든 필름 카메라든 최고급 DSLR이든 뭐든 괜찮다고 말해주고 싶다. 그것만으로도 충분히 아름답고 강렬한 이미지를 만들어낼 수 있다.

사진 촬영이 점점 대중화되고 자동화되면서 최고급 세트를 갖추거나 복잡한 기술을 보유한 사람은 줄었고 대신, 작품 자체에 초점을 맞추게 되었다. 어떤 이야기를 담고 있나? 어떤 느낌을 주는가? 사진으로 어떤 상상력을 불러일으키는가? 그 자리에서 공유가 이루어지는 세상에서 이야기를 만들고 상상력을 자극하는 구성 능력은 현대 포토그래퍼의 가장 중요한 무기이다. 그리고 이러한 능력은 참을성 있는 노력만 병행된다면 공짜로 얻을 수 있다.

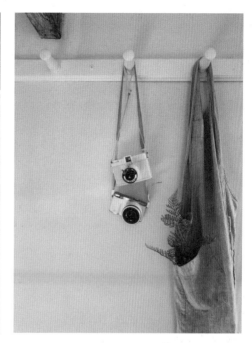

일상생활에서 영감 찾기

보통 사진은 생일, 여행, 해변의 하루, 첫 등교일처럼 '특별한 날'에 찍는다고 생각한다. 이런 날이면 카메라 렌즈를 통해 이 소중한 순간을 포착해 행복한 기억을 영원히 보존한다.

인스타그램과 주머니 속의 작은 스마트폰 카메라는 우리의 삶을 이보다 더 자주 기록할 수 있게 한다. 처음엔 부담스럽게 느껴질 수도 있다. 뭘 찍어야 할까? 사진 찍을 만한 게 아무것도 없는데!

이 장 뒷부분에서 소재를 찾는 요령과 팁을 공유하겠지만, 이 질문에 대한 나의 답은 대부분 앞서 말한 내용과 크게 다르지 않다. 소중한 것을 찍어라. 소중히 간직하고 싶은 물건이나 순간을 사진에 담아라. 절대 잊고 싶지 않은 것 말이다. 평범한 일상의 순간을 더 많이 찍기로 마음먹으면 생기는 변화는, 무엇이 진짜 '특별한' 것인지 깊이 생각해보게 된다는 점이다.

물론 입학 첫날은 인생의 이정표가 되는 날이지만, 이 날이 오기까지 다른 수많은 작은 이정표의 시간을 지나와야 한다. 이러한 순간들은 단조로운 벽을 배경으로 하고, 단정하게 다려진 큰 교복을 입은 채 앞니 빠진 미소를 지은 아이의 모습 같은 전형적인 사진에선 드러나지 않는다. 운동화 끈 묶는 법 배우기, 엉망진창이 되어버린 아침 식탁, 새 필통에 신중히 펜슬 골라 담는 설렘, 처음으로 비뚤배뚤 쓴 자신의 이름, 당신의 벙어리장갑을 낀 작은 손과 뽀얀 안개 같은 겨울철 이른 아침 내뱉은 입김 등 사소하지만 소중한 순간들이 바로 작은 이정표이다.

일상을 찍으면 소소하지만 큰 의미가 있는 일들을 확대해 들여다보며 깊이 생각하게 된다. 그리고 연습을 거듭하면서, 평범한 일상의 아름다움을 시각적으로 기록하는 행위는 곧 매일에 감사하는 명상이 된다.

사진 타임캡슐

보슬비가 내리던 어느 날, 이웃 마을에 선 벼룩시장을 둘러보다 앤티크 진열대에서 오래된 그릇을 발견했다. 파란색 꽃무늬에 바닥엔 테디베어가 그려진 흰 도자기였다. 추워하는 딸을 옆에 세워 둔 채 그 순간, 네다섯 살 무렵의 내 어린 시절로 돌아갔다. 이 그릇이 제대로 기억나지도 않는데 말이다. 어린 시절, 이런 그릇이 집에 있었는지 물었다면 아무 대답도 하지 못했을 것이다. 하지만 앞에 놓인 이 그릇을 보니, 어린 시절의 기억이 되살아나 그 문양이 마법처럼 가슴을 울리며 익숙하게 느껴졌다.

누구나 한 번쯤 겪어 봤을 법한, 굉장히 의아한 감정이었다. 과거를 떠올리게 하는 공예품을 발견하면 기억조차 하지 못했던 추억이 떠오른다. 이러한 일상용품의 색이나 무늬, 질감은 잠시 시간 여행을 갔다 온 듯 편안한 친근감을 준다. 사소한 물건 하나가 당신의 과거 시절로 되돌아가게 하는 것이다.

사진에도 이런 능력이 있다. 할아버지의 사진첩을 뒤적이며 추억 여행이라는 마법을 펼치는 건 잔뜩 폼 잡고 찍은 사진이 아니라는 사실을 깨달았다. 할로윈 의상이나 드레스를 입고 커튼이나 벽을 배경으로 포즈를 취한 언니와 나. 몇 장 남지 않은 필름을 써버리거나 중요한 사건을 포착할 의도로 찍은 사진들. 그런 사진들은 많았다. 사실, 할아버지가 찍은 사진은 모두 이런 류의 인물 사진이었다. 유명 관광지에서 찍은 휴가 사진,

가족 모임에서 웃는 모습들. 이런 사진들도 소중하지만, 시간을 거슬러 올라가는 표현하기 어려운 감성을 불러오는 것은 바로 부수적인 것들이다.

카펫 무늬, 사진 프레임 가장자리에 찍힌 장난감들. 신고 있는 신발을 보면 그 신발을 신고 길을 건널 때 나던 딸각딸각 소리가 어찌나 어른이 된 듯한 특별한 느낌을 주었는지, 그 느낌이 불쑥 떠오른다. 또, 우리 남매가 흘겨보는 모습에서 플래시가 번쩍하는 순간에 지은 어색한 미소가 거짓임을 알아챌 수 있다.

모든 경우에서, 마법의 힘을 발휘하는 건 이러한 부수적인 부분들이다. 우리가 기념일을 기억하려는 이유는, 자라면서 기억하고자 하는 추억과 시간이 지나고 나서 친구, 연인에게 들려주고자 하는 이야기가 기념일에 담겨 있기 때문이다. 그때마다 할머니 댁 카펫 무늬나 여름 동안 씨앗부터 키워낸 토마토 냄새가 떠오르는 것이다.

이런 사소한 부분들이 이야기의 재료이다. 일상의 소중한 순간을 찾아낼 시각과 마음을 길러라. 지금으로부터 20년 뒤 무엇을 기억하고 싶나? 오늘, 당신 일상의 타임캡슐에 무엇을 넣을까? 그런 다음, 카메라든 스마트폰이든 가까이 있는 걸 손에 잡아라. 완벽히 계획할 필요 없다. 모든 사진을 영원히 간직하진 않는다. 감사하고, 주목하고, 존재하는 것에 대한 실험이라고 생각하자. 이렇게 인스타그램 여정이 시작되는 것이다.

일상의 마법 같은 순간 찾기

노트와 펜을 들고(혹은 스마트폰의 노트 앱을 열고) 목록을 작성해 보자. 오늘 가장 좋았던 부분은 무엇인가? 지루했거나 짜증 났던 순간은 잊고, 당신 마음에 기쁨을 가져온 사소한 일에 집중하자.

예를 들어, 내가 적은 목록은 다음과 같다.

- 딸아이가 수증기 낀 욕실 유리창에 끄적인 그림
- 가스레인지 위 에스프레소 메이커가 하루의 첫 잔을 내리며 증기를 내뿜는 소리
- 일을 시작하기 전, 책상에 촛불을 밝힌 순간
- 빈티지 리본으로 머리 묶기
- 타이핑할 때 발밑에 웅크리고 있는 고양이
- 아직 남아 있는 케이크를 발견하고 점심으로 먹음
- 주방 창문으로 쏟아지는 오후의 햇살
- 문간에 놓인 딸아이의 진흙투성이 부츠
- 기다리던 택배의 도착
- 마구 자란 오색 채소로 만든 수프
- 머리에서 나무 태운 냄새를 풍기며 집으로 달려와 학교에서 있던 일을 재잘대는 딸아이
- 날이 저물어 부엌 창의 작은 등을 켜는 순간
- 딸아이가 나를 위해 공원에서 가져온 시든 민들레
- 드라이브하며 만나는 근처 들판의 작은 양들
- 잠자리에 들기 전 남편과 마시는 얼음처럼 차가운 와인 한 잔
- 나무만큼 두꺼운 막대기를 물어 옮기려 끙끙대는 우리 개

도시의 화려한 삶을 사는 이의 목록은 나와는 전혀 다를 것이다(그렇다면 도시의 삶을 즐기는 당신만의 방식을 가르쳐주세요!). 그들이 적은 목록에는 아마도 옷이나 인테리어, 가족 혹은 반려동물이 적혀 있을 것이다. 먹는 걸 즐긴다면 목록의 90%는 먹거리로 채워질 것이다.

이만큼 목록을 적기 어려운 이들도 있을 것이다. 마음에 들지 않는 집에 살며(나도 같은 경험이 있으니 잘 알아요!) 겨우 먹고 살면서 하루의 낙이라곤 토스트 접시를 들고 TV 앞에 앉아 <그랜드 디자인(Grand Designs, 영국의 채널4에서 방송된 집짓기 프로젝트 쇼)> 재방송을 보는 일이 전부라면 말이다. 괜찮다. 그 자체로 충분하다. 이런 현실도 당신의 이야깃거리가 될 수 있으니 말이다.

막상 리스트를 적고 보니 한심하리 만치 짧은데, 왜 그런지 도통 짐작되지 않는 이들도 있을 것이다. 특히 여성들 사이에서 굉장히 흔한데, 자신의 기쁨을 뒤로 미뤄버리고 다른 이들의 욕구와 바람을 충족시키는 데 하루 대부분 시간을 소비하기 때문이다. 만일 당신의 생활에 이런 단순한 기쁨을 누릴 순간이 부족하다면, 지금 뭔가를 추가할 수 있는 다른 목록을 만들어라. 나 혹은 이 책이 시켰기 때문이거나 인스타그램에 올리기 위한 것이 아닌, 온전히 당신과 당신 삶의 질에 집중해 목록을 적어보는 것이다. 자신의 삶을 조금 더 즐기고 싶다는 바람은 이기적인 생각이 아니다. 당연히 가져야 할 소망이다.

이제, 당신의 목록을 보자. 이 중 사진으로 표현할 수 있는 것이 얼마나 되는가?

약간의 창의성을 발휘하면 이 목록은 시각적 이미지로 바뀔 수 있다. 캡션을 추가해 맥락을 이어주면 갑자기 작은 이야기가 생겨난다. 순간을 포착해 살려낼 수 있는 일상의 이야기 말이다. 이 이야기를 세상의 다른 이들과 계속해서 공유한다면, 다른 이들에게도 이렇게 시도해보라는 영감을 주게 된다.

당신이 포착한 이 순간의 사진을 공유하기로 했다면,
#hashtagauthenticbook이라는
해시태그를 사용하라.

이 해시태그를 팔로우해 내 소셜 미디어 팬들과 공유해
당신을 응원하겠다.

사물이 아닌, 순간

수년 전 인터넷 초기 시절, 친구 조와 나는 여전히 '손편지'를 주고받곤 했다. 그건 향수에 이끌린 행동이었다. 손글씨만의 느낌을 유지하면서, 우편에서 기대할 수 있는 감성을 주고받기 위한 시도였다.

어느 날, 조가 우리 둘 다 열광하는 패션 브랜드의 카탈로그를 한 장 찢어 보냈다. 한 손에는 빛바랜 프랑스 요리책, 다른 손에는 음식이 묻은 나무 주걱을 든 모델이 카메라를 향해 웃는 사진이었다. 그녀는 자연스럽게 헝클어진 올림머리를 하고서 나무바닥에 책장이 천장까지 높이 서 있는 흰색으로 칠해진 집의 복도에 서 있었다.

조가 보여주려 했던 건 광고의 옷차림이었다. 그때는 우리 둘 다 가난한 학생이어서 이런 옷을 살 경제적 능력이 없던 시절이라, 그녀는 마음에 드는 스타일을 분석하며 화살표와 메모로 좋아하는 이유를 써넣곤 했다.

조가 사진 속 여성처럼 되고 싶어한 것이 기억난다. 그녀는 복잡한 요리책을 보며 척척 요리해내고 환하고 아름다운 집에서 프랑스어로 쓰인 책을 술술 읽는 사람이 되어, 무심한 듯 자연스러우면서도 세련된 자신의 옷는 모습을 누군가(아마도 사랑하는 파트너) 찍어주기를 바랐다.

지금은 더 기억나지 않을 정도로 별 특징 없는 옷차림이었지만, 이미지가 전하는 이야기는 그녀에게 화보 속 생활의 아주 작은 부분이라도 사고 싶다는 생각을 만들기에 충분했다.

조의 편지 덕분에 사물을 바라보는 방식이 달라졌다. 하나의 정지된 이미지는 단순한 사진 이상의 의미가 담겨 있다는 사실을 불현듯 깨달은 것이다. 이미지는 곧 이야기이자 느낌이었고, 조가 보내준 광고 사진처럼 유혹과 같았다.

지금 우리가 광고업계에 있는 건 아니지만, 이 사례를 통해 두 가지 중요한 점을 배울 수 있다. 하나는, 이미지에는 여러 감정을 불러일으킬 힘이 있기 때문에 공들여 만들고 연민과 책임감을 공유해야 한다는 점이며, 두 번째는 공유하기에 최적의 사진은 온라인이건 오프라인이건 다른 이들과 진심으로 공명할 수 있는 이야기가 담겨 있어야 한다는 점이다.

이런 맥락에서 내가 학생들에게 강조하는 지론이 있다. 바로 '사물이 아닌, 순간'이다. 천장을 통해 들어오는 환한 빛을 받으며 부엌에 덩그러니 놓인 새로 산 예쁜 컵 사진과 차가 담긴 새 컵 옆에 담요나 책, 비스킷, 잠든 고양이가 있는 사진 중 무엇이 더 강력한 힘을 지닐

까? 어떤 이미지가 더 전달력이 높아 기억에 남으며 감성을 자극해 마음에 와 닿는가? 어느 쪽이 이야기를 전하며 감정을 불러일으키는가?

사물이 아닌 순간을 찍는다는 것은 현실 자체만이 아니라 그 순간의 느낌을 포착한다는 것이다. 크리스마스 아침 트리 옆에서 선물을 풀어보는 아이들 사진과 덩그러니 서 있는 그 해의 크리스마스 트리 사진이 주는 느낌의 차이를 생각해보라. 사진으로 남긴 멋진 순간은 향수를 불러일으킨다. 겨우 어제 찍었음에도 그런 아련한 느낌을 줄 것이다.

순간을 사진에 담는 재미는 그 순간 자체가 완벽히 짜여 있지 않다는 점에 있다. 때로는 사진을 찍는 우리가 빠진 부분을 채우고, 장면을 구성하고, 어떤 의미를 전달할지 생각해야 한다. 스트리트 포토그래퍼가 빈 콜라 캔을 화면 밖으로 치우고, 결혼식 사진을 찍을 때 색종이 조각 뿌리는 신호를 주는 식으로, 우리는 기꺼이 사진 일부가 되어야 하고 상황이 아이디어와 일치하도록 구성해야 한다. 특히 우리가 찍은 사진을 사진이 먼저 보이는 인스타그램 같은 플랫폼에서 어떠한 배경 설명 없이 공유할 계획이라면 더욱 그렇다.

이렇게 비주얼 스토리텔링의 기교를 발휘하면 별로 특별할 것 없는 옷이나 잡동사니에 덜 연연하게 된다는 뜻밖의 소득도 얻는다. 지금도 내 친구가 보내주었던 사진을 보면 당시의 느낌이 떠오른다. 하지만 이제는 사진의 옷차림이 그런 삶을 살 수 있다는 마법의 열쇠가 아니라는 사실을 잘 안다. 오히려 그 요리책으로 요리를 배우거나 프랑스어 수업을 듣거나 혹은 인터넷 동영상에서 자연스러운 올림머리 스타일링법을 익히는 편이 더 도움된다. 느낌은 단지 외면을 바꾸는 것만으로 되지 않는다. 우리 스스로 내면에서부터 이런 순간을 만들어낸다면, 사진의 이야기가 실제로 전하는 의미를 파악하고 그 의미를 실현할 방법을 제대로 이해하게 된다.

모든 사진에는 저마다의
이야기가 담겨 있다

'백문이 불여일견'라는 속담이 있다. 물론 그렇지 않을 때도 있지만 말이다. 말은 생각과 의도를 담은 의사소통 수단일 뿐이다. 서면으로 혹은 소리로 전하는 수화인 셈이다. 하지만 사진은 말이 더 필요 없는 유일한 의사소통 수단이다.

학습장애 학생들이 공부하는 특수학교에서 일하며 이러한 생각은 더욱 명확해졌다. 사진이 있으면 주제에 해당하는 단어를 배우지 않아도 의사소통 할 수 있었다. 예를 들자면, 학생들이 사진 묶음에서 해당 사진을 찾아 건네 주며 반짝이는 분홍색 고무 애벌레 장난감을 요구하는 식이다.

사진은 언어 장벽과 인식의 차이를 초월해, 사진을 보는 모든 이들에게 다른 경험을 선사한다. 딸아이를 학교에 데려다 주는 사진 속 흐린 날씨가 내게는 일상이지만, 덥고 햇빛 쨍쨍한 기후대에 사는 사람에게는 산뜻하고 이국적으로 보일 테니 말이다.

내 친구인 일러스트레이터 헬렌 스티븐스(@helenstephenslion)의 작품 사진을 보라(왼쪽). 이 사진을 말로 전한다면 어디서 시작할까? 나라면 화첩을 잡은 손,

여성의 손, 그 모양과 크기, 그리고 그녀의 옷에서 내가 알아볼 수 있는 것으로 이야기를 시작해서, 다음으로는 화첩에 그려진 그림, 책상 위에 놓인 물건에 대해 이야기할 것이다. 그러고도 시간이 있다면, 어떻게 이 난장판을 그녀가 오랜 시간을 보내는 작업 공간이라고 추측할 수 있는지, 그리고 작품의 질과는 어떻게 연관되는지 파고들 것이며, 그녀의 스웨터와 빛과 그림을 토대로 계절을 짐작할 것이다.

여기까지만 해도 족히 몇 분은 걸릴 것이며, 그러고도 아직 색, 질감, 분위기 같은 디테일은 다루지도 못한다. 하지만 사진을 보면 단 몇 초 만에 이 모든 정보에 접근할 수 있다.

물론 우리가 찍은 모든 사진이 이 정도의 맥락이나 복잡한 의미를 담고 있지는 않다. 하지만 최고의 사진들은 대부분 여전히 많은 이야기를 전달한다. 따라서 글이나 사진에서 허전함, 혹은 부족함을 느낀다는 건 이야기의 구성이 깨졌거나 빠졌다는 뜻이다. 이럴 때는 사진을 전체적인 이야기라고 생각하고, 구성 요소를 하나씩 점검하며 빠진 부분을 확인하는 방법이 유용하다.

사진 분석하기

다음 항목을 하나하나 살펴보자.

누구(WHO)

당신 사진의 '누구'는 사람이나 동물처럼 눈에 보이는
대상일 수도 있고, 아이들이 어질러 놓은 흔적이나 나무
그늘 밑에 놓인 책과 담요처럼 의미가 담긴 사물일 수도
있다. 때로는 사진을 보는 사람이 '누구'가 되곤 한다.
이때, '누구'는 사진의 이야기를 경험하는 사람이 된다.
이렇듯 보는 이와 교감하며 삶의 사소한 부분을 공유하는
방식은 인스타그램에서 즐겨 사용된다.

무엇(WHAT)

'무엇'은 매우 간단히 답할 수 있다. 당신이 찍고 있는 바로
그것 즉, 대상이다. 단순히 '스케치북을 든 사람' 이상의
의미를 찾아, 무슨 일이 일어나고 있는지 스스로에게
물어보자. 더 깊이 살펴보면 '그날 해변에서 그린 그림을
살펴보는 예술가'라는 구체적인 대답이 나올 수 있다.
또한 사진에서 물감 묻은 손가락이나 옆에 놓인 장비가
담긴 가방을 보여주면, 보는 이들에게 장면 뒤에 숨겨진 더
많은 스토리를 상상하게 만들 수 있다.

어디(WHERE)

사진의 이야기나 사건이 일어난 장소를 말한다. 작고
세심한 것을 촬영할 때는 그것에 몰두하기 때문에, 더
넓은 틀에 집중하지 못할 수 있다. 즉, 이 사진이 '어디'인지
초점을 잃는 경우가 종종 생기는 것이다. 뒤로 한 발
물러나면 화면의 장소에 맥락과 감각이 생겨나고, 부엌엔
식탁이 있고 발밑에는 개 한 마리가 있다는 걸 볼 수
있다. 만일 당신의 사진에 스토리를 담으려 고군분투하고
있다면, 화면을 재구성해 장면에 현장감을 더하라.

왜(WHY)

- 자신에게 묻는 말이다. 이 사진을 왜 찍는가?
- 당신에게 카메라를 들어 사진 찍도록 자극한 것은
  무엇인가?
- 아름답거나 흥미롭거나 놀랍거나, 아니면 신기한
  점은 무엇인가?
- 그것을 어떻게 프레임에 완전히 담아낼 수 있는가?

나는 어느 뜨거운 여름날, 뉴욕 거리의 쓰레기통에 버려진 이 꽃들을 찍었다.
도심에서의 이 꽃들은 색과 아름다움이 두드러졌다. 나는 '왜'에 답하고자 '어디'를
담아야 했으며, 이 둘은 놀랍도록 관련 있기 때문이다. 세상에 안 좋은 '왜'(이유)는
결코 없다. 그리고 중요한 것은 당신이 사진 찍는 이유에 의구심을 품을 필요
없다. 사진을 찍는 가장 큰 이유는 당신이 찍고 싶기 때문이다. 만약 인스타그램의
'좋아요'를 많이 받고 싶어서라면 이야기는 조금 달라지겠지만 말이다.

자신만의 스타일 찾기

자신만의 인스타그램 스타일을 찾는다는 것은 자신의 내면에 뛰어들어 진정한 본 모습,
진심으로 좋아하고 싫어하는 것, 내면의 목소리를 탐색한다는 뜻이다. 남을 흉내 내고 싶은
유혹이 있을지라도, 당신이 좋아하는 이미지를 올리고 쓰고 싶은 캡션을 쓰다 보면 반드시
당신의 본 모습이 드러나고, 당신이 하는 일과 공유하는 작품을 좋아하고 존중하며 그 진가를
알아보는 충성스럽고 참여도 높은 팔로워가 따르게 될 것이다.

@allthatisshe, UK

그냥 이유 없이 끌리는 인스타그램 페이지가 있다. 사진 하나하나에 사로잡혀 강박적으로 클릭하면서, 누군가 당신이 사랑하는 것을 포착해 사진으로 감동적인 아름다움을 증류해냈다는 데 감탄한다.

회의감에 빠져 '여기서 그만둬야겠어! 난 절대 이만한 사진을 찍지 못할 거야'라고 불안감을 느낄 수도 있다. 맞다, 당신은 그러지 못할 것이다. 실력대로 사진을 찍기 때문이다. 하지만 그렇다고 해서 당신이 사람들을 매혹시키지 못한다는 뜻은 아니다.

영감을 주는 포토그래퍼가 시선을 사로잡는 강렬한 작품을 찍는 건 우연이 아니다. 그리고 당신이 그 페이지의 모든 걸 좋아하는 것도 우연의 일치는 아니다. 당신이 마법의 순간에 조우한 것은 자신만의 스타일을 정확히 파악한 크리에이터의 명확하고 일관성 있는 창조적인 목소리 때문이다.

모든 창조적인 작업에서 이런 면을 볼 수 있다. 잡지나 패션계에는 이렇게 시선을 사로잡는 디자이너나 늘 멋지고 시크한 사람들이 있다. 그리고 웨딩 스타일이나

인테리어, 브랜딩, 예술에서도 마찬가지다. 자신의 스타일을 알고, 다른 사람들의 시각에 좌지우지되지 않고 자신의 길을 가는 주관은 노력으로 얻어지는 고도의 기술이다.

태어나면서부터 자신만의 스타일을 가진 이들은 거의 없다. 대부분은 시행착오를 겪으며 스타일을 발견하고 발전해 나간다. 이 과정을 거치면 자신과 비슷한 사람들과 공명하고, 이를 확장시켜 직관적으로 맞닿는 느낌을 주는 방식을 알게 된다. 중요한 건 당신이 좋아하는 것과 당신다운 것의 차이점을 파악하는 것이다. 예를 들어 옷으로 설명해보자. 자신의 쇼핑, 스타일링 습관에 비추어 생각해보기에 익숙한 영역이기 때문이다.

20대 초반, 나는 자주 충동 구매했다. 매달 월급날이면 가까운 쇼핑몰로 달려가 검은색 인조가죽 레깅스, 빨간 원 숄더 톱, 복숭아빛 빈티지 잠옷 원피스, 누드색 발레 슈즈 등 끌리는 대로 손에 넣었다(2000년대 느낌 아닌가?). 그 결과, 내 옷장은 언제나 복잡했고, 이상한 옷들로 뒤죽박죽이었다. 함께 입을 수도 없고, 그렇게

입어서도 안 되는 옷들뿐이었다. 막상 옷을 입으려면 어울리는 뭔가를 더 사야 했다. 매일 아침 옷 한 번 입으려면 옷을 골라내 맞춰보는 복잡하고 까다로운 과정을 거쳐야 했고, 나의 정체성은 고스족부터 도시의 요정, 가끔은 빈티지 시크를 오갔다. 이뿐만 아니라, 항상 우울할 정도로 빈털터리였다.

괜찮다. 다들 20대 때는 다양한 모습을 시도해 보고, 어느 쪽이 기분이 좋아지는지 직접 느껴보는 과정을 겪지 않는가. 하지만 30대에 접어들면서 약간의 깨달음을 얻었다. 좋아하는 모든 걸 시도하거나 살 필요는 없다는 것이다. 학교를 졸업한 뒤, 국민건강보험공단에서 일하는 10년간은 좋아하는 걸 사지 않았다. 대신 저렴한 모조품을 사거나, 이베이에서 족히 두 사이즈는 큰 구제옷을 샀으며 절대로 특정 스타일을 고집하지 않았다. 나는 상점의 옷들이 집에 데려가 보살펴줘야 할 거리의 고양이들과 다르다는 사실을 깨달았다. 그리고 통찰력 있게 쇼핑할 수 있게 되었다.

이런 깨달음을 얻자, 마법 같은 일이 벌어졌다. 옷장에서 점차 난해하고 입기 어려운 옷들이 사라지면서, 벽장은 덜 혼란스럽게 변했으며 여유공간이 생겼다. 소유한 모든 옷이 보통의 스타일과 어울리기 시작하면서 아침 시간도 절약되었다. 그리고 내 스타일이면서 오랫동안 좋아할 것 같다는 확신이 들면, 더 질 좋고 비싼 물건에 투자하기 시작했다. 이따금 길을 벗어나기도 했지만, 마침내 내게 어울리는 패션 스타일을 찾았고 이렇게 얻은 깨달음은 나와 내 옷장을 떠나지 않았다.

이 예시를 사진 촬영에도 적용해볼 수 있다. 미니멀리즘, 현란한 색감, 우울한 흑백의 초상화, 흐릿한 옛날 영화 등 영감을 주는 요소는 많다. 하지만 각각의 장르를 하나의 목소리로 융합할 수는 없다. 이 스타일을 전부 좋아할 수는 있지만, 모든 걸 넣은 인스타 종합 선물 세트로 재창조하려 하거나 그렇게 해서도 안 된다. 과거의 내 옷장처럼, 그 중 하나를 전문으로 택해 온전히 집중하지 않으면 결코 우리 자신처럼 느껴지지 않을 것이다.

요령을 하나 말하자면, 사진, 패션, 푸드 등 당신이 사랑하는 모든 것에서 영감을 얻고, 진정한 자신의 스타일로 걸러내어 수용하는 것이다. 영감에서 얻은 느낌을 자신만의 독특하고 일관된 목소리에 담아라.

자신의 목소리 찾기

자신다운 모습 혹은 이를 담은 필터를 찾기란 놀라울 정도로 힘들 수 있다. 많은 이들이 평생토록 다른 이의 의견에 귀 기울이고, 다른 사람을 기쁘게 하고 타인의 기준에 맞추려고 최선을 다하며 살아간다. 이렇게 살다 보니 어느새 우리 자신의 의견과 취향을 잃게 된다.

자신다운 모습을 되찾기 위한 첫 단계로서 당신의 사진과 인생 전반을 살펴보라. 여러 영역에서 드러나는 공통된 주제는 무엇인가? 온라인, 오프라인 모두에서 당신이 열정을 보이는 것은 무엇인가? 무엇이 당신을 화나게 하고, 무엇이 당신을 평화롭게 하는가?

이제는 사진의 이야기를 볼 차례이다. 다음 페이지는 내 학생들과 클라이언트들과 함께한 간단한 예제인데, 창의적 여정의 어떤 단계에서도 도움이 될 것이다. 영감과 영향, 의견이 넘쳐나는 세상에서 자신의 영역에 다시 초점을 맞추고 재정립하는 시간을 가지면 제 궤도에 오르게 할 수 있고 자신다움과 초심을 잃지 않을 수 있다.

자신의 비주얼 스타일 파악하기

1.   당신이 가장 좋아하는 이미지를 찾는다.

자신의 사진 중에 있을 수도 있고, 인스타그램이나 블로그, 잡지, 패션 화보, 영화
스틸 컷이나 광고 사진 중에 있을 수도 있다. 이렇게 찾아낸 사진을 화면 캡처하거나
스마트폰으로 찍어 인스타그램의 '북마크' 기능(편집주: 게시물 오른쪽 하단의 서류철 모양
[⊓]의 아이콘을 클릭하면 된다)을 활용해 저장한다.

2.   한데 모아 놓기

보드를 만들어 공유하는 핀터레스트 사이트가 이런 용도에 적절하지만, 종이를
잘라붙이는 옛날 방식도 좋다. 그리고 그중에서 정말 마음에 드는 사진 8~10장을 골라라.
찍고 싶었던, 혹은 봤을 때 행복했던 사진을 찾는 것이다. 당신이 사랑하는 모든 것이 한
프레임 안에서 느껴지는 사진, 온종일 봐도 절대 지겹지 않은 사진 말이다.

3.   그렇다면 이 사진들의 공통점은 무엇인가?

종이 한 장을 가져와, 느낌, 분위기, 빛, 색감, 피사체, 비율 등에서 당신이 찾아낸 특징을
적어보자.

- 피사체를 가까이에서 찍었는가, 멀리 떨어져 찍었는가?

- 밝고 화사한가, 어둡고 흐릿한가?

- 웜톤(노랑, 빨강, 호박색, 주황색 계열)인가, 쿨톤(파랑, 회색, 흰색 계열)인가?

- 유쾌하고 신나는 느낌인가, 복잡하고 우울한 느낌인가?

4.   앞에서 적은 목록에서 사용된 표현을 살펴보라. 이것이 바로 당신의 시각적 프레임이다.

이 목록을 통해 사진을 찍고 편집할 때마다 당신이 포착하고 강조하려는 요소, 당신의
의도가 무엇인지 파악할 수 있다. 이런 표현들이 다른 사람들에게도 똑같은 의미인지는
상관없다. 설령 대단한 표현이 아니어도 괜찮다. 당신만을 위한 목록, 바로 당신이 가장
공유하고 싶은 것과 그것을 어떻게 포착할지 보여주는 필터이다.

당신의 스타일을 글로 정리해보는 작업이 유용한 두 가지 이유는 다음과 같다.

- 완벽한 최고의 사진과 어쩌다 건진 사진들로 채워진 보드를 끊임없이 비교하는 것보다, 가치와 자질을 적은 목록을 참고하는 편이 자신감을 갖는 데 더 도움이 된다.
- 목록에 정리한 표현들은 사진을 찍으려 고군분투할 때마다 쉽게 적용할 체크리스트의 역할을 하기 때문이다.

목록을 활용한다는 것은 찍은 사진이 당신이 쓴 목록 중 하나 이상의 특징에 포함되었는지 확인하는 것이다. 그렇지 않다면 무엇을 바꿀 수 있겠는가? 사진을 연결해 만든 이야기의 구성상 빠진 요소를 찾아내 더할 수 있겠는가? 적절한 분위기를 내고자 달리 편집할 수 있는가?

단어로 알아보는 내 스타일

관련된 키워드를 떠올리는 데 애를 먹고 있다면, 다음 리스트를 살펴보고 각 쌍에서 당신과 잘 어울린다고 생각되는 단어에 동그라미 해보라(쌍으로 이루어진 두 단어 중 하나만 선택할 수 없다면 둘 다 표시해도 된다. 깨지 못할 규칙은 없는 법이니까!).

그 다음, 결과 중 중요하면서도 자신다운 단어와 당신이 만들어내고 싶은 것을 표현하는 단어를 골라 범위를 줄여간다.

빈티지	/ 모던	어린	/ 성숙한
철저히 준비한	/ 되는 대로	실내	/ 실외
원색적인	/ 부드러운	침울한	/ 발랄한
느린	/ 빠른	헝클어진	/ 정돈된
쾌활한	/ 우울한	도시의	/ 시골의
바랜	/ 강렬한	집	/ 여행
상세한	/ 미니멀한	예술적인	/ 진정성 있는
대중적인	/ 비주류의	즉흥적인	/ 계획적인
즐거운	/ 가슴 아픈	어두운	/ 밝은
솔직담백한	/ 멋지게 꾸민	시원한	/ 따뜻한

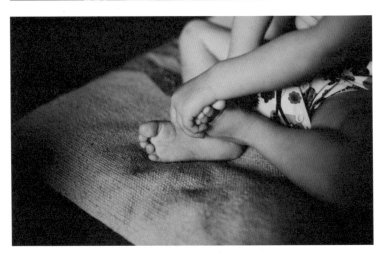

자신의 특색 찾기

온라인상이나 일상생활에서 가장 흔히 저지르는 실수 중 하나는 동시에 많은 사람을 만족시키려 한다는 것이다. 엄밀히 말하자면 특히 여성들에게 이런 성향이 많이 보인다. 자신의 가치가 만나는 모든 이에게 사랑받고 인정받는 데 달렸다고 믿도록 길러졌기 때문이다.

하지만 크리에이터로서 모든 이에게 사랑받으려 노력하면 오히려 단조롭고 개성 없는 결과로 이어지는 문제가 생긴다. 많은 이들이 좋아하기는 하지만, 그 어느 누구도 정말로 사랑하지는 않는 것이다. 모든 이를 만족시키려 하면 자신만의 개성을 잃기 마련이다. 작가, 가수, 뮤지션, 포토그래퍼 등 내가 열광하는 크리에이터들을 생각해 보면, 그들이 숭배받았던 요인은 자신들만의 두드러진 개성 때문이었다.

남들과는 다른, 당신 고유의 개성을 드러내라. 그래미상 여러 부문에 후보로 지명된 1,200만 장의 앨범 판매고를 올린 가수 토리 에이모스(Tori Amos)는 이렇게 말했다. "분명 나는 듣다 보니 좋아지는 타입이다. 안초비(Anchovy)처럼 말이다. 그리고 모두가 이 지독하게 작은 걸 좋아하는 것도 아니다."

대부분이 마르게리타 피자를 좋아하지만, 몇몇 사람들이 안초비 피자를 좋아하는 정도의 깊이와는 다르지 않나. 자신다움이 관객을 진정으로 매료시킨다는 사실을 믿어라. 현재 인스타그램 사용자는 8억 명이 넘으며 (그리고 빠르게 증가하고 있다), 이는 다양한 취향을 커버하기에 충분한 규모이다.

하지만 너무 제한된 범위에 국한되지 않는 것도 중요하다. 소셜 미디어에서 반려동물이나 같은 사진을 몇 번이고 반복해 재현하는 작업에 집중하는 슈퍼 니치(super-niche) 계정이 놀랄 만큼 빠르게 성장하고 있다. 이런 주제는 매우 재미있을 수 있지만, 장기적으로는 운신의 폭이 좁아질 위험이 있다. 주제가 지나치게 명확하면 원래의 주제에서 벗어나 다른 주제를 게시하거나 작업 내용을 진화시키기 어렵다. 그러므로 계정의 확장 가능성을 염두에 두고 차별성이 유지되는 범위 내에서 꿈틀대며 성장할 충분한 공간을 남겨두기를 권한다.

내면의 목소리에 귀 기울이기

내 모습 들여다보기

다음의 자아 성찰 목록은 당신을 움직이는 것이 무엇인 파악하는 데 도움을 줄 것이다. 당신이 나와 비슷한 부류라면, 아마도 이 질문들을 대충 훑어 읽고 다음 장으로 넘기려 할 것이다. 잘 안다, 나도 그랬으니까. 하지만 종이 한 장을 가져오거나 스마트폰의 메모 앱을 열고, 실제로 찬찬히 생각해 가며 답을 적어보라. 우리는 직관을 무시하는 일상을 살고 있다. 그러니 10분에서 15분가량 내면의 목소리를 들을 시간을 갖는 것 자체가 창조적인 각성의 순간처럼 느껴질 수 있다.

- 당신은 무엇에 가장 열정적인가?
  당신이 잘 아는 주제나 집착하는 대상은 무엇인가?
  그 주제가 나오면 어떤 점에서 흥분하게 될 것 같은가?

- 당신이 주변의 다른 사람들과 구별되는 점은 무엇인가?
  당신의 독특하거나 비대중적인 의견은 무엇인가?
  당신의 어떤 부분이 남들과 다르다고 느껴지는가?

- 만약 '좋아요'나 '댓글 수'가 공개되지 않는 SNS라면 당신은 무엇을 올릴 것인가?

- 어떤 색이 가장 당신에게 반향을 일으키는가?
  쉽게 답하기 어렵다면 옷장을 들여다보고 인테리어를 둘러보라.

- 당신이 가장 진정한 자신답다고 느낄 때는 언제인가?
  몸을 펴고 성장하듯 실제로 팽창하는 느낌이 드는 순간을 떠올려보라.

- 덫에 걸렸거나 갇혔다는 느낌이 들 때는 언제인가?
  이번엔 반대로 억압되거나 작아지는 듯 밀실에 갇힌 느낌이 드는 순간을 생각해보라.

- 당신이 찍은 사진 중 가장 마음에 드는 것은?

- 그 사진을 좋아하는 이유는?

- 당신에게 영감을 주는 것은?(당신의 창조성을 자극하는 것)

- 당신을 방해하는 것은?(당신을 혼란스럽게 하는 것)

당신의 창의성과 창의적인 목소리가 당신에게 만들어내라는 것은 지금껏 만들어낸
것과 전혀 다를 수 있음을 명심하라. 이미 인스타그램 계정을 가지고 있고 지금까지
이런 질문을 생각해보지 않았다면, 갑자기 방향을 바꾸게 될 수도 있다. 하지만 괜찮다.
걱정하지 않아도 된다. 이미 당신만의 창조적인 스타일이 있다면, 이 질문은 당신의
스타일을 다듬고 더욱 능률적이며 확실하게 접근할 수 있는 몇몇 부분을 집어내는 데
도움을 주려는 것이다. 정답은 없다.

답안 예시

다음은 함께 일했던 클라이언트 조시가 이상의 질문에 대해 쓴 답변이다.

- 당신은 무엇에 가장 열정적인가?
  집, 가족, 장식하기, 친구들

- 당신이 주변의 다른 사람들과 구별되는 점은 무엇인가?
  아름다운 집을 만드는 데 집착한다. 대부분 이런 일을 피상적이고 시시하다고
  생각한다는 걸 알지만, 아름다운 집은 우리가 사는 방식에 영향을 미치고 가족과
  함께 진정으로 원하는 삶을 살 수 있게 한다.

- 만약 '좋아요'나 '댓글 수'가 공개되지 않는 SNS라면 당신은 무엇을 올릴 것인가?
  우리 집 사진과 더 창의적으로 찍은 아이들 사진을 많이 공유할 것 같다. 하지만
  친구들이 어떻게 생각할지 걱정도 된다. 보통 나들이 가서 찍은 아이들 사진이나
  집에 새로 들여놓은 물건 사진을 올렸으니까.

- 어떤 색이 가장 당신에게 반향을 일으키는가?
  흰색, 초록색, 모래 빛, 메탈계열

- 당신이 가장 진정한 자신답다고 느낄 때는 언제인가?
  내가 디자인하고 꾸민 공간에 있을 때. 자연에 있을 때

- 덫에 걸렸거나 갇혔다는 느낌이 들 때는 언제인가?
  인테리어 디자인이 엉망이거나 정돈되지 않은 공간에 있을 때. 싸구려 호텔이나
  내 친구의 어수선한 집 같은(그녀를 비난하는 게 아니라, 이런 환경이 내게는
  스트레스라는 것!).

- 당신이 찍은 사진 중 가장 마음에 드는 것은?
  부엌에서 아침 식사를 만드는 아이들 사진

- 그 사진을 좋아하는 이유는?
  내 최고의 두 작품, 부엌과 아이들이 등장하기 때문이다. 사랑스럽고 밝으며,
  적절한 공간이 어떻게 이러한 순간을 가능하게 하는지 보여준다.
  옛날 아파트에서는 이런 일은 꿈도 꾸지 못했으니까!

- 당신에게 영감을 주는 것은?
  핀터레스트, 포토 레시피 북, 자연에 있기, 이케아 카탈로그!

- 당신을 방해하는 것은?
  다른 사람들의 인스타그램, 친구들이 내 사진을 포스팅하거나 그럴 생각을 하는
  것. 꽃 핀 나무와 음식처럼 모든 사람이 인스타그램에 올리는 사진도!

사진 찍을 만한 일 하기

당신의 삶이 인스타그램을 하기 적합하지 않다고 느껴지는 날도 있다. 세상에 항상 사진 찍을 만반의 준비를 한 사람은 없다. 우리 누구나 그럴 수 있다. 하지만 일상생활에서 영감을 얻지 못한다면, 창조성 역시 억눌릴 수 있다.

이런 상황에 처했을 때, 내가 해줄 수 있는 조언은 하나다. 사진 찍을 만한 일을 하라.

- 케이크 굽기
- 수프 만들기
- 산책하기
- 나 자신에게 꽃다발 선물하기
- 아이들과 근사한 종이인형 극장 만들기

나는 사진을 찍을 만한 일을 하는 것이 허영인지, 그리고 이런 행동이 나를 형편없는 사람으로 만드는 것인지, 오랫동안 의문을 품어왔다. 그러다 마침내 깨달았다. 인생은 일을 시작한 이유가 아닌, 우리가 하는 일로 이루어진다는 사실을 말이다. 어떤 일을 자주 하다 보면, 그 일이 곧 자신이 된다.

저녁 식사 자리에서 옷을 차려입기 시작한 이유가 사진에서 멋져 보이기 위해서라는 사실이 중요한가? 소파의 이불 속으로 숨는 대신, 저녁 식사 자리에서 케이크를 먹는다면 당신이 다음 사항에 동의할 것으로 생각한다. 동기가 행동할 동력이 되며, 우리는 어디서든 그 동기를 얻어야 한다는 사실을 말이다.

그러나 한 가지 명심해야 할 주의사항이 있다. 사진, 예술성, 창의성을 위해서일 뿐, 결코 '좋아요'를 얻기 위함이 되어선 안 된다. 소셜 미디어에서 인정을 받으려는 생각은 가파른 비탈길과 같기 때문에 사진을 처음 시작했을 때의 초심, 그리고 자아를 잃기 쉽다. 이런 함정에 빠졌다면, 뒷부분의 참여와 커뮤니티에 대한 페이지를 펼쳐보고(183~185페이지) 당신과 똑같은 것을 좋아하는 관객들에게 집중하라.

사진기 여행

신발을 신고, 충전한 카메라를 챙겨서 문을 나서자. 사진찍기 나들이를 가보자.

렌즈를 통해 보면 세상이 새롭게 보인다. 사소한 것 하나도 확대되어 보이며, 저마다의 스토리가 드러난다. 만일 이런 마음가짐이 좀체 익숙해지지 않는다면, 화면을 보며 걸어보라. 새롭게 시작하기 좋은 방법이다. DSLR의 라이브뷰 모드를 켜거나, 필름 카메라의 플립 화면을 이용하거나 스마트폰의 카메라를 활성화한 다음, 창을 세상으로 향하게 하라.

우리가 보는 모든 것을 네 개의 검은 선으로 이루어진 직사각형 프레임에 담으면 마법 같은 일이 일어난다. 갑자기 주변의 모든 것이 사진이 되고, 흥미로운 것과 아닌 것을 구별하기 더 쉬워진다.

눈여겨볼 만한 것들

아주 사소한 것들 : 도로에 떨어진 축하용 색종이 조각 / 풀밭의 꽃 한송이, 발 등의 다른 대상을 함께 찍어 사진에 공간감을 주고, 미세한 디테일을 잡아내야 한다면 카메라의 매크로 모드를 사용하라.

예상치 못한 조합 : 낡은 시멘트벽 틈에서 자란 데이지 한 송이 / 앙상한 겨울 나무에 걸린 밝은 색깔의 풍선들

삶의 소소한 이야기들 : 추운 겨울 밤 호박색으로 은은하게 빛나는 창문 / 잿빛 테라스식 주택 거리 바닥에 아이들이 분필로 그려 놓은 그림

계절의 이야기들   : 발밑의 낙엽 / 창유리에 내려앉은 첫 서리 / 빗속 알록달록한 우산 / 공원의 봄꽃. 계절이 시작하고 저무는 모습은 마치 기적 같다. 이런 기적을 경험할 행운을 누리는 이들도 있지만, 지구 반대편이나 일 년 내내 기후 변화가 없는 세계에 사는 사람들에게는 이런 자연의 변화가 마치 인스타그램 속 사파리처럼 느껴진다.

인스타 골드   : 예쁜 집 / 활짝 핀 덤불 / 멋진 가게 창문 / 매력적인 고양이. 클리셰가 되는 데는 나름의 이유가 있기 마련이다. 그만큼 누구나 좋아하기 때문이다.
인스타 골드는 인스타그램에서 자주 사용되고 인기 있는 사진 클리셰이다.

일상의 순간들   : 꽃집에서 산 꽃다발 / 동네 카페에서 마시는 차 한 잔 / 우편함에 집어넣은 편지 / 손잡이가 뜯어진 쇼핑백에서 거리로 쏟아진 오렌지 / 도서관에서 빌린 책

다른 시각   : 걸으며 발을 내려다보기 / 하늘과 주변 빌딩의 지붕 올려다보기 / 몸을 숙여 아이나 고양이의 눈높이에서 바라보기 / 길을 걷다 발견한 것을 공유하기. 최고의 장면이나 순간이 불쑥 나타나기를 기대하지 마라. 셀 수 없이 걸은 이 길을 신선한 눈으로, 말 그대로 시각을 바꾸어 새로운 눈으로 바라보라.

예상치 못한 아름다움   : 특히 시적인 그래피티 / 케이블 박스에서 쏟아져 나온 알록달록한 전선 / 길가 웅덩이에서 목욕하는 더러운 비둘기. 때로는 사람들이 스쳐 지나는 데서 마법이 일어나기도 한다. 진부하게 들리겠지만, 모든 사물에는 저마다의 아름다움이 있다. 그 아름다움을 발견할 눈을 발전시킨다면 삶은 더욱 다채로워질 것이다.

⚠ **주의**
새똥이 완벽한 하트 모양인 걸 보고는 대뜸 카메라부터 꺼내 들었다면 당신도 나처럼 지나치게 몰입했다는 증거이다.

#NoSara #Justno

마지막 지적 사항에 뜨끔해하는 사람은 당신뿐이 아니다.
다른 사람들이 어떻게 생각할지 두려워하기 시작하면 대중 앞에서 낯설고 새로운 것을
시도하는 게 무섭고 염려스러워지는 건 당연하다!

따라서 이런 생각이 들면 자신에게 말하자.

1. 사진 찍은 것보다 그냥 지나친 걸 더 후회할 거야.

나를 믿어라. 아깝게 놓친 사진은 평생 기억나지만, 거리에서 흘낏 본 낯선 이를 기억하는
사람은 아무도 없다.

2. 우리는 다른 사람의 생각을 추측할 뿐이다!

가끔 느낄 수도 있겠지만, 그들이 우리에게 말하지 않는 한, 실제로 무슨 생각을 하는지 알지
못한다. 당신이 느끼는 건 단지 추측과 두려움일 뿐이다. 누군가는 이런 감정에 놀라겠지만,
여기서 굉장한 영감을 얻어 자신의 생각을 시도해 보는 계기로 삼는 이들도 있다! 타인의
생각을 우리가 어떻게 알겠는가?

3. '낯선 이들에게 적대감을 갖는 것은 내면의 불안감 표시이다.'-아나이스 닌

만약 당신이 조금 다른 일을 해서 누군가 불안해한다면, 그건 그들의 몫일 뿐 우리가
짊어져야 할 짐이 아니다. 만약 당신이 누군가를 해치거나 방해한 것이 아니라면, 다른
이들을 신경 쓸 필요 없다. 모두를 만족시킬 수도 없거니와, 어리석은 시도이다.

사 진 찍 기

중요한 건 구성이다

우리는 선명하게 보고자 이미지를 만들어낸 뒤, 우리가 만들어낸 것을 선명히 본다.

라이트 모리스 | 1910~1988, 미국의 소설가이자 사진작가

일차적으로 우리가 무엇을 찍고 싶은지 찾아내는 것이 중요하다. 하지만, 우리가 보는 것을 화면에 정확히 구현하려면 무엇을 담고, 무엇을 치우고, 조명과 각도를 어떻게 할지 고려하는 전혀 다른 차원의 기술이 수반되어야 한다.

어린 시절, 나는 눈으로 사진을 찍는 꿈을 꾸곤 했다. 번거롭게 카메라를 찾아 설정을 맞출 필요도 없이 천천히 눈을 깜박이기만 하면 내가 보는 것을 바로 포착할 수 있었다. 그런데 선물로 받은 노란색 플라스틱 카메라로 찍은 패스트푸드 레스토랑의 생일파티 사진은, 왜 내가 직접 본 광경만큼 멋지지 않은지 이해할 수 없었다. 사실 이미지는 눈으로만 인식되는 것이 아니기 때문이다. 미소 짓는 아기, 화려한 퍼레이드, 오후의 햇살을 받은 커피잔에서 피어오르는 뜨거운 김 같은 광경이 주는 느낌은 초점을 맞추는 등, 뇌의 복잡한 작용을 거친 결과물인 것이다.

나는 언어 치료 과정에서 아기들은 주변의 소음과 중요한 목소리를 구분하지 못한다는 사실을 배웠다. 그렇기 때문에 TV나 라디오 소리가 유아의 언어발달에 나쁜 영향을 미칠 수도 있다. 엄마가 집안일을 하며 건네는 말에 노출될 소중한 기회를 잃는 것이다. 카메라는 순수하고 개방적인 시선으로 세상을 바라본다. 카메라는 무엇이 흥미롭거나 무엇이 앞에 있는지 구분할 안목이나 여과 기능이 없다. 눈처럼 그냥 볼 뿐이다. 눈이 기록하는 것을 제어하고 여과해 조정하는 일은 우리가 머리를 사용해서 해야 한다. 혼란을 이해하고 그 의미를 찾아내기 위함이다. 이번 장에서는 마음대로 다룰 수 있는 카메라와 당신이 이미 보유한 기술로 이런 작업을 연습해 볼 것이다.

요즘은 포토샵만 있으면 어떤 이미지라도 만들어낼 수 있다. 카메라의 오토 모드는 그 어느 때보다 믿을 만하며, 후보정 프로그램은 모든 오류를 수정할 수 있을 것 같다. 하지만 그 과정에서 위조하거나 속이거나 건너뛸 수 없는 요소가 하나 있다. 바로 구성의 기술이다.

구성의 기술만 제대로 이해하면, 팔로워는 기술적 실수도 용서할 것이다. 이걸 숙달하지 못하면 어떤 후보정 프로그램이나 필터 앱을 사용해도 당신의 사진은 아무 느낌을 주지 못할 것이다. 구성은 이미지의 고동치는 심장과도 같다. 사람들에게 보고 오래 머무르며 느끼게 하는 미묘한 느낌, 그림의 기본 골격이며, 모든 걸 지탱하는 발판이다.

인스타그램에 적합하게
구성하기

사진을 공유하는 주요 플랫폼으로 인스타그램을 생각한다면, 당신의 작품이 어떻게 보일지 생각해봐야 한다. 예술가가 작품과 전시 공간의 어울림을 고려하듯, 우리의 사진이 돋보이거나 최종 사용자의 화면에서 강렬한 인상을 남길 수 있도록 섬세하게 수정해야 한다.

인스타그램이 정기적으로 발표하는 통계를 보면 이용자 대부분은 스마트폰 앱을 통해 사진을 보고, 극소수의 이용자들만 컴퓨터를 통해 둘러보는데 데스크톱 사이트의 기능은 제한적이다. 앱 사용자 비중이 절대적으로 높다는 사실은, 팔로워가 한 손에 들어가는 작은 초상화 액자 같은 창을 통해 사진을 본다는 뜻이다. 그리고 팔로워가 나와 비슷하다면, 그 '창'은 긁히거나 흠집이 나거나 수리가 필요한 상태일 가능성도 크다!

이런 현실이 구성과 무슨 상관일까 하는 생각 때문에 미세한 디테일을 놓치고, 완벽하지 않은 품질 혹은 낮은 해상도와 같은 문제는 대충 넘기기 쉽다. 화면 크기와 해상도가 커지고 화소가 덜 깨지면, 팔로워가 요구하는 사진 기준은 더욱 세밀해지고 그들의 만족을 위한 진입 장벽은 더 높아질 것이다. 인스타그램 초창기, 멋지게 전시되었던 스마트폰으로 찍은 사진들을 요즘 화면에서 다시 보면 거칠고 산만한 부분이 드러난다.

앱은 콘텐츠를 인물 사진 모드로만 표시한다는 점을 기억하자. 이는 곧 이용자들이 스마트폰을 세로로 세운 상태로 들고서 길고 좁은 화면으로 모든 걸 본다는 뜻이다. 그래서 통계적으로 인스타그램 같은 플랫폼에서는 수평 혹은 풍경 이미지가 덜 주목받는다. 이런 이미지는 화면에서 적은 공간을 차지하기 때문이다. 풍경 이미지는 인물 사진보다 3분의 2 작게 보이는데(오른쪽 예시를 보라), 이런 요소는 시선을 분산시키는 주변 사물의 노출 정도와 더불어 이미지의 매력을 부각시키는 데 직접 영향을 미친다.

물론 인물 사진이나 동영상만 찍어야 한다는 뜻은 아니다. 하지만, 인스타그램에 올리려고 사진을 찍을 때는 최종 결과물이 노출될 화면 크기를 고려해야 한다. 무엇보다 나날이 인스타그램의 주목 시간이 짧아지고 있다는 점에 주의해야 한다. 대부분 이용자는 불과 1~2초 동안 이미지 하나를 보고 '좋아요'를 누른 뒤 다음으로 넘어간다. 화질이 낮거나 화소가 깨진 사진으로 팔로워를 주목시키려면 특별한 매력, 놀라운 강렬함과 명확함이 있어야 한다. 구성은 이런 일을 가능하게 하는 친구다.

구성의 간단한 비밀

완벽한 장면을 구성하는 건 매우 중요하다. 마음속에 떠오른 이미지를 사진으로 옮기는 것과는 전혀 다른 과정이며, 좌절감을 느끼는 만큼 즐겁기도 한 작업이다. 기술적 지식 차이를 메우기 위해 매번 카메라를 자동 모드로 설정해 놓지만, 인상적인 구성을 만들어 내려면 '자동 모드'를 꺼야 한다.

구성이란 문자 그대로 이미지의 구성요소, 즉 우리가 찍을 사진을 무엇으로 구성하고 어떻게 배열할지 고려하는 과정이다. 배워서 의도적으로 적용하든 단순히 느낌을 따르든 간에, 포토그래퍼들이 따르는 기본 규칙을 이해하면 강렬하고 매력적이며 명확한 이미지를 만들어낼 수 있다.

물론 구성에 지나치게 연연하다 보면 창의성을 해칠 수도 있다는 주장도 있다. 당신의 스타일이 매우 정직하고 저널리즘적이라면, 장면에 담긴 이야기를 들려주려는 사람처럼 사진 구성을 깊이 고민하지 않을 것이다. 하지만, 시를 흰 종이에 인쇄한다면 노란 잉크보다 검은 잉크가 더 강하게 전달되는 법이다. 언어와 마찬가지로, 이미지 역시 사전에 철저히 계산하면 의도한 이야기가 더 잘 전달된다. 시선을 분산시키는 요소를 줄이고 좋은 각도와 장면을 구성하는 요소를 선택하면, 관객들이 쉽게 접근할 수 있고 보이는 화면 방식으로 우리 이야기를 전할 수 있다.

다음 페이지에 나오는 아이디어를 규칙이라고 받아들이지 마라. 그저 제안일 뿐이니, 당신에게 맞는 걸 선택해 마음껏 실험하고 무시하고 비틀어 보라. 그리고 모든 항목이 노동집약적이라 다소 피곤할 것 같다 해도 걱정할 필요 없다. 일단 당신의 사진에서 이러한 패턴이 보이기 시작하기만 하면, 순식간에 익숙해질 것이다.

1. 직선

늘 당신 주위를 둘러싼 선에 주목하라. 바다의 수평선, 식탁 표면, 머리 위로 우뚝 솟은 고층 빌딩 등 가로 선이든 세로 선이든 상관없다. 카메라로 이러한 선들이 직선이 되도록 배열하라. 가급적 실제 위치와 일치하도록 한다.

눈으로 하기엔 까다로울 수 있지만, 대부분 스마트폰과 카메라에 있는 격자 눈금 옵션이나 앵글이 똑바른지 보여주는 '+' 아이콘을 활용하면 도움이 된다. 스마트폰이나 카메라를 피사체 쪽으로 기울이면, 아주 조금이더라도 본래의 선이 평평해지며 전체 구성의 각도가 바뀐다.

대부분의 편집 앱에는 후보정 단계에서 왜곡 문제를 수정하는 '스큐(skew)' 기능이 있지만, 처음에 제대로 된 사진을 찍는 것이 가장 방법이자 비결이다.

효과적인 이유   깔끔한 직선은 자연스럽게 눈을 즐겁게 하고, 보는 이를 그 장면으로 빠져들게 한다. 균형이 조금이라도 깨지면 산만해져서 사진의 느낌을 손상시킨다. 스마트폰 화면의 틀에서 이미지를 보고, 정사각형 격자 안에 사진이 쌓이는 인스타그램은 이 원리가 완벽히 적용되는 경우이다. 기울어진 선은 보는 이의 시선을 밖으로 이끌어, 우리가 정말 보여주려 했거나 말하려 했던 것에서 주의를 분산시킨다.

2. 대칭

이미지가 상상의 축을 중심으로 정확히 거울에 비치는 상태를 뜻하는 대칭은 고요한 물에 비친 모습이나 완벽히 균형을 이룬 장면 등 사진에서 두드러져 보이는 요소이다. 몇 초만 투자해 당신과 카메라가 정중앙에 오도록 하라. 한 발짝만 옆으로 가도 모든 직선과 균형이 무너져서 효과를 망칠 수도 있다. 격자 눈금은 이번에도 당신이 정중앙에 자리하는 데 유용한 도움이 될 것이다. 그리고 카메라 렌즈가 어디에 있는지, 당신의 시선과 피사체를 고려해 렌즈를 어느 위치에 두고 있는지 특별히 주의하라.

장면 전체가 똑같이 대칭을 이룰 필요는 없다는 점도 기억하라. 피사체나 당신의 눈길을 잡아끄는 요소가 가장자리에 배치되어도 이미지가 전체적으로 유사하고 균형을 이루는 실험을 해 보라.

효과적인 이유　시각적으로 정형화된 양식에 매력을 느끼는 인간 본성을 충족시킨다. 대칭 이미지는 색다른 완벽감과 더불어 균형감과 만족감을 느끼게 한다. 대칭이 맞으면 인스타그램이 사진을 잘라 네모난 '프리뷰' 썸네일로 만들어도 멋져 보이게 한다. 이는 그 효과가 사라지지 않고 '클릭을 유도하는 매력'이 유지된다는 뜻이다.

3. 네거티브 스페이스

피사체를 둘러싼 여백의 공간을 말하며, 피사체만큼이나 중요하다! 네거티브 스페이스는 피사체 혹은 '포지티브 스페이스(positive space)'를 둘러싸 공간감을 부여하면서 메인 이벤트와 대비된다. 내가 좋아하는 사진들 상당수는 한발 물러나 찍은 것이다. 거리감이 더해지면서 해당 장면의 시야가 넓어졌고, 중요한 네거티브 스페이스가 생겼기 때문이다. 이 공간이 하얗거나 여백일 필요는 없다. 눈이 쉴 수 있도록 피사체보다 단순하면 된다.

효과적인 이유　대부분의 인스타그램 피드는 작고 디테일한 프레임으로 가득 차 있다. 그래서 네거티브 스페이스가 많은 사진은 신선한 공기를 마시는 기분을 주며 보는 이들에게 잠시 멈출 순간의 여유를 준다.

4. 빨간색 포인트

온화한 색조의 이미지에 빨간 점 하나를 더하는 방식은 강렬한 인상을 남기기 위해 많은 이들이 즐겨 사용하는 방법이다. 눈 속에 빨간 외투, 잔디밭 빨간 양귀비꽃을 떠올려 보라. 빨간색은 효과가 좋다. 강렬해서 구성상 어떤 색에도 묻히지 않기 때문이다. 아마 인간은 본능적으로 빨간색을 위험, 그리고 음식으로 연관시켜 생각하기 때문일지도 모른다.

효과적인 이유　원래 장면에 다른 색을 더하면 시선을 끄는 무언가를 만들어내고, 깊이감과 공간감을 부여할 수 있다. 뚜렷한 대비는 작은 썸네일로 사진을 처음 볼 때도 두드러지게 나타난다. 빨간색 대신 밝고 두드러지는 색을 사용해도 괜찮다! 46페이지의 실전연습에서 정리한 색깔을 다시 보고, 당신의 이미지에 어떤 색이 어울리는지 살펴보라.

5. 참신한 시각

촬영을 준비하면서 값을 조정하고 다양한 각도에서 실험해보라. 완벽한 부감 사진을 위해 탁자 윗면에 머리를 기대고, 한쪽 팔을 울타리에 걸고 양떼 사이에 카메라를 넣어보자. 물론 다소 이상해 보이겠지만, 이렇게 하면 멋진 사진을 건질 수 있다. 위대한 사진은 몸을 사용하는 적극적인 과정, 문자 그대로 참신한 시각을 통해 나오는 결과물이다.

효과적인 이유　사람들은 사진을 통해 먼 곳, 불가능한 현실, 혹은 사람들의 다른 모습 등 직접 볼 수 없는 것을 보고 싶어한다. 때문에 인스타그램이 대중화되면서 뻔한 사진에 질린 팔로워들은 자신들을 끌어당길 매력적인 의외의 사진을 찾고 있다.

6. 난장판을 개의치 마라

소셜 미디어의 매력은 자연 그대로의 완벽한 현실을 보여주는 것, 즉 현실의 사람이 현실의 이야기를 하는 데 있다. 여기서 언급하는 모든 규칙을 적용한다 해도, 혼돈과 뜻밖의 기쁨을 받아들이면 무엇이 펼쳐질지 보라! 그러면 사진에 마음, 인간성과 함께 장난기와 태평함이 담길 것이다.

효과적인 이유　완벽은 시선을 끄는 강렬함이 있지만, 약간의 불완전함은 사람들의 관심을 끌고 이미지를 감각과 촉각 경험으로 변환시킨다. 약간의 현실을 드러낸다면 상당한 관심을 끌 수 있다. 찻잔에서 나온 반지, 케이크 부스러기, 머그잔 테두리에 묻은 립스틱 자국을 보면 어떤 느낌이 드는가? 그 모든 건 삶의 증거이며, 순간의 이야기와 미묘한 뉘앙스가 풍성하게 담겨 있다.

7. 삼등분 법칙

이 기본적인 구도 개념은 1700년대부터 예술가들 사이에서 통용되었으며 지금까지 적용되는 원리이다. 간단히 설명해보자. 상상으로 사진에 수평과 수직으로 동일한 간격의 선 두 개를 긋는다. 그러면 이미지는 9개의 사각형으로 나뉜다. 피사체와 지평선, 두드러진 특징 등 장면의 중요한 요소를 이 선 중 하나, 또는 교차점에 맞춘다. 이것이 바로 삼등분 법칙이다. 삼등분 법칙이 적용된 사진은 어느 한 요소가 전체 프레임을 지배하지 않아, 피사체만 두드러지지 않고 균형 잡힌 느낌을 준다.

이전에 이런 접근법에 대해 들어보지 못했다면 예시를 통해 쉽게 이해해보자. meandorla.co.uk/hashtagauthenticbook을 방문해 삼등분 법칙에 대해 자세히 설명해 놓은 동영상 강의를 보라.

효과적인 이유   이 법칙을 적용하면 격자에 사물을 배치하여 긴장감, 에너지, 흥미를 자아내며 보다 균형감 있고 시각적으로 보기 좋은 결과물을 만들 수 있다. 구성에 몰입감을 불어넣어, 보는 이들의 시선을 전체 장면으로 끌어당기기 때문이다.

8. 피사체의 시선을 따라라

이미지에 사람이 포함되어 있고 그들이 한쪽을 바라보고 있다면, 프레임 안에 여유
있는 공간을 마련해 그들이 무엇을 보고 있는지 보여줘라. 단순한 네거티브 스페이스
라도 좋다. 공간을 통해 보는 이들이 계속 생각하게 하는 것이다. 피사체가 주변과 상
호작용하는 방식에는 많은 이야기가 담겨 있다. 당신의 '모델'에게 카메라 렌즈를 등지
고 서서 다른 방향을 바라보게 해보라.

효과적인 이유 피사체의 시선을 따르면 사진을 보는 이들이 그 장면에서 배제된 기분을 느끼
지 않는다. 이미지 속에서 상상력을 펼치고 화면 뒤의 이야기를 쉽게 이해할 수 있다.

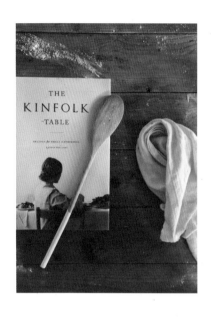

9. 배경

모두가 '인스타그램에 올리기에 적합한' 집에 사는 것은 아니다. 그렇다면 이 세상은 얼마나 지루하겠는가. 만약 당신이 물건이나 식사를 플랫레이(Flat-lays)로 배치하려는데 배경으로 삼을만한 멋진 통나무 테이블이 없다면, 간단한 대처법이 있다. 많은 문양과 그림, 글자가 인쇄된 식탁보를 사용하는 것이다. 테이블 위에 까는 작은 사이즈부터 가족사진을 덮는 큰 사이즈까지 다양하다. 인터넷을 뒤져보라. 더 좋은 작품을 위해 추가 비용을 감수할 가치는 충분하다.

효과적인 이유 적절한 배경은 때론, 이야기에서 빠진 요소를 채워주거나 시선을 분산시키는 요소를 차단함으로써 피사체를 빛나게 한다.

10. 균형감과 긴장감

쿠튀르 드레스의 활짝 펴진 치마폭과 딱 달라붙는 몸통, 잔잔하다가 서서히 극적인 크레센도로 치닫는 피아노 간주곡 등 모든 예술과 디자인에 적용되는 법칙이 있다. 바로 균형감과 긴장감이다. 이는 사물에 풍부함과 역동감을 불어넣고, 매혹적이고 아름답게 한다. 당신의 이미지에서 이 요소를 찾고, 자유자재로 활용하는 법을 배워라. 네거티브 스페이스는 얼마나 포함해야 할까? 어떤 색이 서로 어울리고, 대비되는가? 연습과 시행착오가 필요하지만, 보통은 처음부터 그냥 느낌으로 알 수 있다.

효과적인 이유 정확히 측정한 수치적 개념이라기보다는 이미지가 주는 느낌이다. 긴장감이 적당하면 이미지는 만족스럽고 완성된 느낌이 든다. 전체 중 일부를 보는 것처럼 말이다.

11. 자연스러운 프레임

때론 자연이나 건축물이 장면의 완벽한 액자가 되기도 한다. 내 집 창문에서 보이는 이 풍경을 생각해보라. 창틀은 어떻게 더 나은 느낌과 규모감을 풍경에 더해주는가? 이 풍경이 어디에서 보이는지 드러나지 않는 이미지였다면 이만큼 흥미로울까? 대부분은, 상황적 맥락은 이미지를 강화하고 이야기를 더한다. 자신만의 독특한 장면을 만들어내려면 사진을 찍고 싶은 장면을 발견할 때마다 원근감을 불어넣는 디테일에 주목해 활용하라.

효과적인 이유 자연에서 보이는 여러 모양을 활용해 보는 이의 시선을 사진 속 피사체로 끌어오고, 바로 그 장면에 과를 더할 수 있다.

12. 내가 보는 것을 보라

인스타그램은 이런 스타일의 대명사가 되었다. 공통점은 바로 앵글이다. 테이블 위에 놓인 커피잔, 꽃집 밖에 서 있는 발, 임신한 배를 내려다보는 엄마 사진들은 전부 위에서 내려다보는 앵글이다. 모든 사진 이면에는 관객이 포토그래퍼의 위치에서 보게 하려는 의도가 숨겨져 있다. 인스타그램 초창기 시절부터 시작된 흐름이다. 규칙적으로 포스팅하는 오늘날에도 이러한 흐름은 여전히 지속되며 사람들을 자신의 세계로 끌어들이는 좋은 방법으로 활용되고 있다.

효과적인 이유 찍는 이의 시선 공유하기는 매우 효과적인 방법이다. 마치 우리가 다큐멘터리나 보도 사진을 보는 듯, 당신과 실제로 함께하는 듯한 느낌을 받는다.

빛을 찾아서

빛은 이미지에서 가장 감성적인 부분이다.
빛을 잘 다루면 빛을 볼 때 느낄 수 있는 감성이 더해진다.

@meliamelia.co.uk

빛은 사진을 구성하는 요소이다. 우리가 만들어낸 이미지라는 캔버스 위에 뿌린 물감이며, 어떤 이미지나 장면을 마법처럼 생생하게, 혹은 단조롭고 생명력 없게 변화시킬 수도 있다.

빛을 이해하려면 카메라와 사람의 눈이 어떻게 작용하는지 이해할 필요가 있다. 사람은 사물이나 장면을 볼 때 그 자체를 보지 않는다. 대상 자체보다는 표면에서 튕겨 나오는 빛을 보는 것이다. 박쥐와 고래의 반향 정위처럼, 시각적으로는 색과 음영만 본다고 생각하면 된다.

따라서 튕겨 나오는 빛의 근원은 카메라나 우리의 눈에 무엇이, 어떻게 보이는지 결정하는 가장 중요한 요소라 할 수 있다. 백열등 전구에서 흘러나오는 빛은 창문과 문을 통해 쏟아져 들어오는 대낮의 밝은 햇빛과는 전혀 다르다.

빛은 다른 종류의 물감이며, 자연광은 당신이 찾을 수 있는 최고의 물감이라고 생각하자. 플래시나 라이트 박스, 책상 전등, 형광등 등의 인공조명도 적당한 시간과 장소에서 사용될 수 있다. 하지만 전문가용 좋은 물감에서 저렴한 어린이용 포스터물감으로 바꾼다고 생각해보자. 수준 높은 아름다움과 느낌, 작품을 만들어내려면 그만큼 수준 높은 기술이 필요하다.

햇빛을 기다려라

나는 가능하다면 햇빛을 기다리라고 조언한다. 하지만 그렇지 않을 때도 있다. 눈앞에 어떤 사건이나 순간이 펼쳐지고 있고, 인공조명만 있을 때가 그렇다. 이럴 때에는 빛이 이야기의 일부가 되어 당신이 포착하려는 순간의 내용과 시간을 알려줄 수도 있다(31페이지 '모든 사진에는 저마다의 이야기가 담겨 있다'를 살펴보라). 하지만 그 밖의 다른 경우에서는 한발 물러나 아침 햇살이 밝고 아름다운 물감통을 들고 새롭게 찾아오기를 기다려보자.

최적화된 빛 만들기

춥거나 구름 자욱한 흐린 날, 실내에서 사진을 찍는데 낮임에도 빛이 부족할 때가 있다. 카메라나 스마트폰에는 이런 문제를 해결할 많은 최첨단 기술이 탑재되어 있지만, 실제로 물리적인 방법으로 방 안의 빛을 최대화할 수도 있다.

먼저 창틀의 잡동사니를 치워라. 책, 꽃병, 액자, 장식용 소품은 하나같이 별 영향을 미치지 않는 듯 보이지만 이 물건들이 얼마나 많은 빛을 차단하는지는 놀라울 정도다. 마찬가지로 커튼도 최대한 걷어라. 블라인드를 완전히 열거나, 떼어내기 쉽다면 떼어라. 벽이 어두운 색이라면 하얀 천을 걸치거나 흰 판지를 밑에서 받쳐 자연광을 반사하게 하고, 빈 공간을 넓게 하면 훨씬 많은 빛이 들어온다. 마찬가지로 거울이나 싸구려 반사판, 심지어 약간의 흰 물감도 실내 공간의 밝기를 높이는 실용적이고 귀중한 도구가 된다.

물론 즉석에서 빨리 찍어야 하는 상황에서는 이런 방법을 적용하긴 어렵다. 하지만 집안에서 규칙적으로 촬영하는 장소가 어둡다면, 덜 그늘지게 할 방법을 찾아 빛이 들어오게 하라.

그림자로 그림 그리기

빛이 우리의 이미지에서 필수 요소이듯, 빛의 부재로 생겨나는 그림자는 이미지에 강렬함을 더한다. 고층빌

딩이 드리운 그림자든 햇빛에 맞닿은 부엌 창틀이든 간에 어둡고 텅 빈 공간은 사진 구성에 엄청난 영향을 미치고 실제로 보는 이를 끌어당길 수 있다.

일상생활에서 흥미로운 그림자와 그림자가 만들어내는 문양을 주목하다가 그림을 발견한 즉시 포착하라. 음악과 마찬가지로 이미지 속의 고요함과 텅 빈 공간도 디테일만큼 많은 이야기를 전하기 때문이다.

규칙을 깨뜨려라

사진 찍기에는 전통적으로 많은 규칙이 있고, 빛은 규칙의 목록을 지배한다. 하지만 다행히 규칙이란 깨지기 마련이므로, 당신은 창의성 넘치는 포토그래퍼로서 시각적으로 관심을 끄는 무엇이든 시도할 수 있다.

빛을 정면에서 찍어라. 태양의 불꽃과 빛을 정면으로 응시했을 때 보이는, 다채로운 문양의 빛의 파형이 스스로 장면에 나타나게 하라. 노출부족이나 노출과다를 시도하고, 사물의 잘못된 부분도 강조해보라. 망치더라도 망한 사진을 찍었다는 사실을 깨닫는 정도다. 가장 바람직한 경우는 아름답고 창의적이며 당신만의 개성이 묻어나는 사진을 찍는 것이다.

스마트폰 촬영 팁

대부분 스마트폰 카메라 앱에서는 간단히 화면 터치 후 밀어서 '노출'을 조정할 수 있다. 그러니 셔터를 누르기 전에 장면이 밝은지 어두운지 살펴보라. 사진을 찍기 전에 최대한 완벽하게 설정하는 것이 나중에 편집하며 문제를 고치는 것보다 훨씬 낫다. 그러므로 카메라 앱을 적극적으로 활용하며 두려워 말고 여러 설정을 시도해보라. 스마트폰 카메라 중 해상도가 낮은 경우에는 촬영 후 과다노출(너무 밝음)이 쉽게 수정되지 않으므로 디테일을 보존하려면 노출부족(또는 어두운) 쪽으로 조정하는 편이 낫다.

시선을 사로잡는 것

사진의 바다에서 한 이미지를 두드러져 보이게 하는 요소는 무엇일까? 어째서 어떤 사진에는 눈길도 주지 않고 대충 훑어보지만, 어떤 사진은 클릭하게 될까? 오랫동안 나를 사로잡아온 의문이다. 이 결정적 차이는 우리가 지금껏 살펴본 구성, 비주얼 스토리텔링, 아름다운 빛과 피사체, 분위기 같은 요소가 많은 관련이 있다. 하지만 인스타그램 같은 플랫폼에서 작용하는 마지막 요소가 있다. 바로 '클릭 어필(click appeal)'이다.

인터넷 서핑은 놀라울 만큼 수동적이다. 간단한 일 하나를 확인하려고 스마트폰을 집어 들었는데 20분 지나고 보니 나도 모르는 사이, 앱에 빨려 들어가 헤매던 경험이 얼마나 많은가? 낚시 제목(clickbait headlines)이라는 개념은 이제 널리 알려졌다. 그만큼 저널리스트와 카피 편집자들은 독자를 희롱하고 자극하며, 호기심을 유발해 클릭을 유도하는 제목을 쓰는 기술도 일취월장하고 있다. 그런데 우리는 이미지에도 이와 똑같은 방식을 적용할 수 있을지까지는 생각하지 못한다.

낚시 제목은 호기심에 호소하는 방식으로 작용한다. 다시 말해, 당장 긁어야 하는 정신적 가려움을 일으키는 셈이다. 이럴 때 클릭하게 되는데, 원하기 때문이 아니라 아무 이유 없이 끌림을 느끼기 때문이다.

사진 공유 사이트 플리커(Flickr)는 비슷한 방식으로 작용하는 알고리즘을 갖추고 있다. 이를 '인기(interestingness)'라고 부르는데, 다양한 이용자들에게 사진을 보여주고, 어떤 사진이 가장 관심을 끌고 어떤 썸네일이 가장 많은 클릭 수와 댓글 수, '좋아요'를 얻었는지, 얼마나 많은 사람이 저장했는지 조사한다. 이런 항목의 수치가 높게 기록된 사진들이 '인기 항목'으로 분류되어 사이트의 '둘러보기' 페이지에 방문하는 신규 방문자들에게 공유된다.

나는 그들의 '인기'라는 용어가 항상 마음에 들었다. 사진을 찍을 때 간과하기 쉬운 부분이기 때문이다. 우리는 아름다움이나 기술적 완벽함, 또는 자신의 개인적인 의미를 더 신경쓰는 경향이 있다. 물론 이 모든 것이 중요하지만, 우리가 만들어낸 이미지가 얼마나 인기있을지에 초점을 맞추면, 이미지를 더욱 매력적이고 흥미로워 보이게 만들 수 있을지 생각하게 된다.

'클릭 어필'을 이끌어내기 위해서는 인스타그램 둘러보기 페이지에서처럼 다른 사진에 둘러싸여 있을 때 우리 사진을 어떻게 배치할지 고려해야 한다. 과연 어떤 요소가 사람들의 관심을 끌까? 물론 단순히 개인의 취향이나 관심에 달린 부분도 있다. 하지만 대부분은 기본적인 심리의 문제이다. 우리의 뇌가 이성이 선택할 기회를 얻기도 전에 손가락끝으로 스크롤하며 충동적으로 즉흥적인 결정을 내리게 하기 때문이다.

만약 더 많은 사람이 당신의 이미지에 관심을 갖게 하고 온라인 팔로워 수를 늘리거나 효과적인 광고를 만들고자 한다면, 사진에 약간의 '클릭 어필' 요소를 포함하는 것도 재미있는 시도가 될 것이다. 플리커의 '인기'와 마찬가지로 인스타그램 같은 사이트의 알고리즘도 팔로워를 많이 끌어들이는 콘텐츠를 찾는다. 팔로워들을 자극해 우리가 올린 게시물에서 시간을 많이 보내게 할수록 우리의 작품과 메시지는 더욱 큰 영향력을 갖게 된다.

다음은 이미지의 '인기'를 높일 수 있는 결정적 방법이다. 최대의 효과를 얻기 위해 몇 가지를 결합해 사용해보자.

아이콘처럼

오른쪽 욕조 사진처럼 그래픽이나 상징적인 면을 드러낸 구성이다. 이런 사진들은 명확한 메시지를 이루는 넓은 네거티브 스페이스, 대칭, 강한 형태가 특징이다. 그리고 작은 썸네일 이미지도 전체 화면에서 보이는 듯 강렬한 인상을 준다.

색

생물 대부분은 찬란한 색의 다채로움에 빠져들기 마련이다. 조화를 이루는 색이든, 극명하게 대비되는 색이든, 단일색이든, 혹은 무지개처럼 다채롭든 간에 색은 사람들의 시선을 사로잡는 확실한 방법이다.

놀라움/의외성

의외성은 잠재의식을 사로잡는다. 인간의 마음은 정형화된 양식과 예측 가능함을 선호하기 때문에 반대되는 것에는 경고 신호를 보낸다. 꽃이 가득 찬 찻잔, 열기구로 뒤덮인 하늘, 새와 바짝 붙어 있는 고양이처럼 틀을 깨는 조합은 다시 한 번 들여다보게 된다.

사소한 디테일

썸네일 이미지에서는 알아보기 곤란할 정도로 작고 구별하기 어려운 디테일은 호기심을 자극해 클릭을 유도한다. 바닷가에서 발견한 것들, 손으로 쓴 일기장처럼 흥미로운 디테일을 찾아내라. 그러면 보는 즉시 사로잡혀 더 보고 싶어질 것이다.

불가능성

'의외성'과 비슷하지만, 인스타그램에는 불가능한 장면을 묘사한 이미지가 사용자와 '둘러보기' 알고리즘에서 인기를 끌며 크게 유행하고 있다. 이러한 이미지를 만들어내려면 보통, 설정이나 디지털 테크닉을 능숙하게 다룰 수 있어야 하지만, 스마트폰 카메라와 앱만으로도 만들 수 있다. 더 자세히 알아보려면 155페이지의 기발한 시도가 만들어낸 마법편을 보라.

귀여움

아기, 고양이, 토끼, 보송보송한 병아리처럼 당신에게 감탄을 불러일으키거나 미소 짓게 하는 것은 전부 이 범주에 속한다. 인스타그램에는 솜털 보송보송한 동물을 위한 해시태그도 있다(#weeklyfluff).

대량의 아름다움

무엇이든 여러 개나 집단으로 모여 있으면 마음을 끈다. 꽃 바다, 식료품점 밖에 쌓여 있는 할로윈 호박에는 눈을 뗄 수 없는 무언가 있다. 이러한 접근 방식은 의외성과 결합해 이렇게 양이 많은 데서는 보기 어려운 독특한 매력을 발휘한다.

네거티브 스페이스

구성 부분에서 언급했듯(64페이지를 보라), 네거티브 스페이스는 프레임 안의 '정적인' 공간을 뜻한다. 이 공간은 사소한 디테일을 더 작고 흥미롭게 만들며 이미지를 한눈에 '읽기' 쉽게 한다.

손가락을 뗄 수 없는 흡인력 있는 이미지

자, 이제 당신의 스타일을 찾았으니 팔로워와 공유할 순간을 고민하고 있을 것이다. 하지만 기존 이용자들과 사진이 넘쳐나는 바다에서 어떻게 두드러져 보일 수 있을까?

인스타그램이 나날이 성장을 거듭하면서 근사하고 수준 높은 사진이 폭발적으로 늘어나고 있다. 그러면 우리는 어떻게 관객의 관심을 끌고 인기를 얻을 수 있을까?

그 답은 바로 클릭 어필, 혹은 '손가락을 뗄 수 없는 흡인력 있는 이미지'이다.

기본 전제는 이렇다. 사람들은 앱(즉, 우리가 소비할 수 있도록 전체 사진을 보여주는 앱)을 스크롤할 때마다 무의식적으로 엄청나게 많은 사진을 처리한다. 그리고 인스타그램을 휙휙 넘기며 불과 몇 초 만에 사진을 클릭할지 무시할지 결정을 내린다. 이런 사고 과정은 미처 인식하지도 못 하는 새 이루어진다.

다음 연습 과제로 지금 직접 테스트해보라. 첫 번째 파트를 끝내지 않고 두 번째 파트로 건너뛰어서는 안 된다. 그렇지 않으면 제대로 된 결과가 나오지 않는다!

1. 인스타그램 앱의 둘러보기 페이지를 열어라. 화면 하단의 돋보기 모양을 누르면 된다. 인스타그램에서 당신이 좋아할 법한 사진과 동영상을 모아 놓은 메뉴다. 지금 바로 평소처럼 이 페이지를 둘러보라. 당신을 사로잡는 사진에 대한 자세한 정보를 보려면 클릭하고, 그렇지 않다면 스크롤해서 넘기면 된다(관심사에 맞지 않거나 마음에 들지 않는다면 포스트에 들어가 우측 상단의 점 세 개를 누른 뒤 알고리즘 적용을 위해 '이 게시물 유형 적게 표시'를 선택하라).
이런 행동을 할 때 뇌와 눈이 어느 방향으로 움직이는지 주목하라. 관심을 끄는 것과 그렇지 않은 것을 알게 될 것이다.

2. 이제 스마트폰을 내려놓아라. 어떤 이미지가 기억나는가? 가능하다면 각각의 기본적인 특징과 그 밖에 떠오르는 것을 간략히 적어보라.

3. 다시 둘러보기 페이지를 열고, 새로 고침 하지 않은 상태에서 방금 둘러본 이미지를 다시 살펴보라. 이번엔 처음에 보지 못해서 리스트에 넣지 못했던 사진을 찾아보자. 무시하길 잘 했나, 아니면 당신에게 어필하는 무언가 담겨 있던가?

결과가 보여주는 의미
신기하게도 우리가 본능적으로 클릭한 사진들은 시간을 들여 고민해 계획적으로 선택한 사진과 다르다. 불과 몇 초 만에 건너뛸지 볼지 결정하는 건, 원초적인 잠재의식의 뇌가 의식적인 마음이 좋아하는 것과 완전히 일치하지 않을 수도 있는 가치를 토대로 결정을 내리기 때문이다. 이는 알고리즘과 클릭 수에 의해 이미지를 분류하는 시스템에 흥미로운 영향을 일으키는 아이디어이다.

자신이 찍은 이미지 검토하기

1.　**지난 1년간 찍은 사진을 검토하라.**
인스타그램 비즈니스 계정을 가지고 있다면 통계 항목으로 들어가 당신에게 보여줄
값을 설정해 확인할 수 있다. 그렇지 않다면, 이미지 위에 마우스를 올려놓으면
'좋아요'와 댓글 수를 볼 수 있는 웹사이트를 통해 살펴보는 방법이 가장 간단하다.
또한, 기간을 지정하여 해당 기간 동안의 '베스트 9'을 뽑아주는 사이트도 있다.

2.　**어떤 이미지의 참여도(engagement)가 가장 높은지 기록하라.**
지난해 동안의 '좋아요'와 댓글을 확인하면 된다.

3.　**이 포스팅의 특별한 점은 무엇인가?**
이번 장에서 우리가 살펴본 구성과 클릭 어필이라는 렌즈를 통해 생각해보라.
당신에게 작용하는 어떤 핵심 요소가 있는가?

이거 좀 다른 것 같은데?

이 결과가 지금까지의 인스타그램 활동과 많이 다르더라도, 충분히 이해 가능하다. 온라인
활동을 하는 모든 사람이 많은 사람에게 주목받는 데 관심을 두는 것도 아니며, 참여하기 위해
반드시 따라야 하는 규칙이나 엄격한 지침이 있는 것도 아니니 말이다.

하지만 참신하고 수준 높은 아름다운 이미지가 계속해서 넘쳐나는 디지털 세상에서 어떤
이미지를 다른 이미지보다 더 돋보이게 하는 요소와 이를 활용하는 방법에 대해 말하지 않는
건 오히려 위선적이다.

사물의 이면에 관한 한 당신의 마음을 따르고, 내심 말하고 싶었던 이야기를 전하는 데 도움이
되는 조언만 받아들여라.

깊이 파고들기

기억하라. 당신의 사진에 '클릭 어필'을 더하는 비결은 완벽한 균형을 찾는 데 있다.
잠재의식에 호소하는 것은 절반의 성공만을 약속한다. 일단 관객의 관심을 끌었다면, 그
관심을 유지할 수 있도록 게시물이나 캡션이 매력적이고 가치가 있어야 한다.

사진 vs 실제

사진에서 보이는 것

시드니 오페라 하우스를 내려다보는 루프탑 수영장

사진에서 보이지 않는 실제

이 앵글로 찍으려고 남편은 한참 동안 옥상 정원에 쭈그려 앉아 고생해야 했다. 실제로는 꽤 작은 풀이라 사진에 이야기를 불어넣으려고 벽에 붙은 의자에 반대 방향으로 앉았다. 스케일(scale)은 제대로 작용하지 않은 것 같다. 이 사진을 포스팅했더니 누군가 올라라고 생각해서 올라가 왜 흰 털실 타이즈를 신고 있냐고 묻

는 댓글을 단 걸 보면 말이다! 저런, 사실 그건 나의 창백한 다리인데.

사진에서 보이는 것

요크셔 폭포에서 샴푸 광고 찍는 기분을 내는 중

사진에서 보이지 않는 실제

물총 싸움을 막 끝낸 소년들이 높은 밧줄 그네에서 물로 뛰어내리고 각자의 바지를 끌어내리며 신나게 여름 방학을 즐기는 모습.

사진에서 보이는 것

꽃들이 만개한 덤불에서 행복한 순간을 만끽하는 나. 이 사진이 어떻게 나왔는지는 인스타그램 스토리에 공유했다. 친구인 포토그래퍼 @meliamedia.co에게 덤불 사이에 파묻혀 있는 사진을 찍는 게 어떨지 묻는 메시지를 보내곤 우리는 즐거운 시간을 가졌다.

사진에서 보이지 않는 실제

꽃 주위에 호박벌들이 맴돌고 있어서 쏘일까 봐 살짝 겁이 났다! 게다가 내가 입은 새 드레스의 지퍼가 제대로 채워지지 않는 바람에 반쯤 열린 등이 덤불의 야생 동물들에 고스란히 노출되었다!

어떤 이들은 이 사진이 현실을 왜곡했다고 주장할지도 모른다. 인위적이거나 비현실적인 완벽한 삶을 보여 준다고 생각할 수도 있다. 타당한 지적이며, 우리가 '그 후로 행복하게 잘 살았어요' 하는 이야기를 전할 이미지를 만들 때면 염두에 두어야 하는 점이기도 하다.

하지만 이 순간들은 실제로 내게 존재한 현실이었다. 나는 멋진 루프탑 수영장에서 실제로 수영했고, 꽃 사진을 찍고 있을 때의 즐거움을 호박벌이 망치지도 않았으며, 다시 가지 않을 수도 있기 때문에 그날 폭포에서 찍은 사진에 더욱 감사한다.

내게 이 순간들은 진짜 현실이다. 아무리 열심히 노력해도 어떤 순간도 진짜로 '완벽'해지진 못한다. 우리는 미소 짓는 어떤 사진에서도 흠을 찾아내고 뒤이은 논쟁과 실망스러운 음식을 떠올릴 수 있다. 인생에는 즐기는 것만큼이나 싫은 것이 많다. 중요한 건 무엇에 관심을 두고 고마움을 찾아내는 것이다.

보여주기

나르시시즘과 허영이라는 평판을 듣기도 하지만, 인스타그램은 자신의 본모습이 드러나는 무서운 공간이기도 하다. 이렇게 약한 생각이 드는 건 바로 완벽한 셀카 뒤에서 들리는 배경 잡음(background noise) 때문이다. 인터넷 미인의 전형적인 기준을 충족시키지 못한 자신의 얼굴을 온라인상에 공유한다는 건 비판이나 거절을 자초하는 행위이기 때문이다.

특히 이런 문제는 여성들이 많이 겪고 있다. 내 주변에는 통제 불가능한 인터넷상에 노출될까 두려워 사교모임이나 행사장에서 사진 찍는 걸 노골적으로 거부하는 친구들이 있다. 그들은 자신의 이미지를 굉장히 싫어해서 사진 찍히는 걸 위험하고 불안하게 느낀다. 설사, 당신이 자기 자신의 신체 이미지에 자신감 있더라도, 대다수는 페이스북 사진에 달리는 익숙한 공포(댓글)를 겪으며 며칠 동안 '내가 정말 그렇게 보이나?' 의문을 품게 된다.

이런 두려움에 맞서고자 노력하고, 직접 찍은 사진이나 인스타그램에서 공유하는 이미지에서 보이는 우리 모습에 소유권을 행사하는 법을 배워야 하는 중요한 이유가 있다.

보이지 않는 화자/서술자

자신의 얼굴이 보이지 않는 사진에서 화자는 누구일까? 올라를 낳기 전, 나는 내 모습을 찍는 데 집중했다. 옷 입기나 소풍 사진을 촬영했는데, 셀프타이머 기능을 이용하거나 친구에게 부탁해 이런저런 포즈로 여러 장 찍곤 했다. 당시의 내겐 평범하고도 쉬운 일이었다.

하지만 올라가 태어나고서 내가 집중하는 대상이 바뀌었다. 작은 기적 같은 존재는 시시각각으로 변했다. 이 변화를 단 한 순간도 놓치지 않고 기록하는 일이 훨씬 더 중요하게 느껴졌다. 과거처럼 사진 찍으려고 몸치장할 시간도 없었고, 내가 포즈를 취하고 남편이 사진을 찍어주는 동안 아기를 봐줄 사람도 없었다. 내 모습을 찍는다는 건 관심사에서 완전히 떨어져 나갔다.

누군가를 위해 나의 욕구를 미뤄두었다는 데 후회는 없다. 그 결과, 아이가 두 살이 될 때까지 우리가 함께한 사진은 거의 없다. 역설적이지 않나? 아이의 세계를 기록하겠다고 결심했는데, 아이의 일상에서 가장 중요한 요소인 엄마를 찍지 않다니 말이다! 이제는 이런 점을 바꾸려 의식적으로 노력하고 있지만, 여전히 렌즈 뒤로 숨는 실수를 저지르곤 한다.

가족 파티나 특별한 행사, 결혼식이나 방학처럼 흥겨운 순간에는 사진 찍는 데 몰입하느라 우리 자신도 함께 찍는 걸 잊기 십상이다. 그러면 우리는 일상을 담은 비주얼 스토리 속에, 보이지 않는 화자로만 남을 뿐이다.

다른 사람과 관계 맺기

다음으로, 당신의 인스타그램 즐겨찾기 목록을 주의 깊게 살펴보자. 프로필 이미지에서 특징이 드러나는가? 갤러리 이미지나 카메라에 대고 말하는 스토리에서 눈에 띄는가? 아니면 반대로 그들이 어떻게 생겼는지조차 알 수 없는가?

인간은 얼굴을 알아보는 능력을 타고났다. 우리는 태어날 때부터 다른 인간, 대개는 가까운 거리에서 우리를 보며 미소 짓는 양육자의 얼굴을 보기에 충분한 시력을 갖고 있다. 그리고 현실에서 보이는 표정, 몸짓이 귀중한 정보의 원천임을 알고 있다. 이러한 비언어적 의사소통 수단이 배제되기 때문에 전화 통화를 싫어하는 이들이나, 온라인상에서 의사소통할 때 표정을 대신하는 이모티콘에 의지하는 이들이 얼마나 많은지 생각해보라. 태어난 지 불과 몇 주밖에 되지 않은 아기들도 행복과 불행을 나타내는 어른의 표정을 이해하고 반응하지 않는가.

한편, 캐나다의 흥미로운 연구(바크시, 샴마 & 길버트, 2014)에 따르면 온라인상에서는 나이와 성별에 상관없이 얼굴 사진에 38% 더 매력을 느낀다고 한다. 다른 사람의 얼굴과 몸매를 보는 것이 관계를 맺어가는 데 있어서 중요한 부분임은 분명하다. 특히 온라인에서는 직접 대면하는 것만큼이나 중요하다.

카메라 뒤에 숨어 자신을 드러내지 않는 인스타그램 프로필과 소셜 미디어의 페르소나는 타인과 거리를 둔 듯한 쌀쌀맞고 다소 냉정한 느낌을 준다. 물론 우리의 작품이 훌륭하다면 팔로워가 늘겠지만, 의미 있는 관계를 맺고 다른 사람에게서 신뢰를 얻으며 진정한 우리의

모습을 보여주기는 더 어려워질 것이다. 누군가 우리를 판단하기 때문이 아니라, 이것이 바로 인간이 움직이는 방식이기 때문이다.

자신만의 이미지 갖기

자신의 모습을 찍으라고 권하는 세 번째이자 마지막 이유는, 이를 통해 치유되고 힘을 얻기 때문이다. 아마도 당신은 특별하지 않다거나, 보이는 모습에 신경 쓰는 건 허영이고 부끄러운 짓이라는 말을 들으며 자랐을지도 모른다. 아니면 젊은 시절의 몸이나 얼굴과 달라졌기에 지금의 모습에 아직 익숙해지지 않았을 수도 있다. 단순히 수줍음을 타기 때문일 수도 있고, 왕따를 당했거나 그 밖에 내가 줄줄이 읊을 수 있는 수많은 이유 때문일 수도 있다.

어떤 이유인지는 중요하지 않다. 어차피 해결책은 같기 때문이다. 카메라를 들고 찍는 것이다.

우리가 스스로 자신을 위해 사진 찍을 때, 마법이 시작된다. 자신에 대해 마음에 드는 점을 발견하고, 언제 어떻게 하면 최고의 모습으로 보이는지 알게 되는 것이다. 사진 속에서 자신을 돋보이게 하는 포즈와 앵글을 알아두면 사진 찍기 어색한 상황에서 활용할 수 있다. 이렇게 시간이 지나면, 우리 자신과 우리의 이미지, 사진 찍기에 관련된 고정관념과 자신을 보는 방식이 다시 프로그래밍된다. 그리고 우리 자신의 이미지를 더 넓은 세상과 공유하기 시작하면, 인스타그램 커뮤니티가 주는 사랑과 수용이라는 놀라운 치유의 힘에 다가갈 수 있다.

해결 방법

1. 혼자 해보라

자화상을 찍는 게 어색하다면 당신이 사진 찍는 걸 보는 사람이 없는, 편히 사진 찍을 시간을 확보하라.

2. 수백 장 찍어라

디지털 사진 기술의 가장 큰 장점을 적극적으로 활용해 무제한으로 찍어보자. 마음에 들지 않는 건 지우고, 괜찮은 건 자세히 보라. 다음에 찍을 땐 무엇을 반복해야 할까?

3. 창의성을 발휘하라

자화상은 미소 짓는 셀카나 멋진 포즈를 취해야 하는 사진이 아니다. 단순히 2차원적으로 보지 말고, 창의성을 발휘해 독특하면서도 당신을 반영하는 이미지를 만들어라. 나는 스타워즈에 대한 애정, 동화, 심지어 눈까지도 소재로 삼아 자화상 시리즈를 작업하면서 남의 시선을 덜 의식하게 되었고, 내 몸이 더 큰 이야기나 장면의 일부인 것처럼 느끼게 되었다. 마찬가지로, 얼굴이나 몸을 다 보여주지 않아도 된다. 손과 발, 머리카락 혹은 얼굴 일부를 살짝 드러내는 것만으로 사진 뒤의 인간을 느끼게 할 수 있고, 당신이 누구인지 더 잘 알릴 수 있다.

4. 다른 사람들이 어떻게 하는지 연구하라

끌리는 자화상 사진을 모으고, 그 사진에 끌린 이유를 생각해보라. 그 사람이 어떻게 생겼는지 혹은 얼마나 아름다운지 보라는 뜻이 아니다. 조명과 분위기, 이야기를 살펴보라는 것이다. 그것이 인스타그램 포토그래퍼로서 우리의 목표이자 이 책에서 배우려는 핵심이다.

어떤 여성과 함께 사진 작업할 때였다. 그녀는 인스타그램 사진 속 다른 이들의 손에 비해 자신의 손이 늙어보인다면서 자신의 손을 보여주는 걸 부담스러워 했다. 나는 그렇기 때문에 더욱더 당신의 손을 찍어야 한다고 대답했다. 물론 인스타그램 이용자 중 나이 들어 보이는 손을 가진 여성들도 아주 많을 것이다. 그런데 도대체 우리는 왜 그런 모습을 자주 보지 못할까? 자신의 모습을 보여주는 건 우리가 보는 신체의 다양성을 증가시킬 뿐 아니라 비슷한 생각을 하는 다른 사람들을 이어주는 빛나는 횃불이기도 하다. 나는 완벽하게 매니큐어를 발라 손질한 손의 이미지보다는 매니큐어를 칠한 깔끔한 손을 한 시간 이상 유지하지 못하는 사람이나, 나 자신과 비슷한 손에 더 끌린다.

셀프타이머와 삼각대 이용하기

단순한 스마트폰과 카메라만 있으면 누구라도 자화상을 찍을 수 있다. 대부분의
카메라와 카메라 앱에는 셀프타이머 기능이 탑재되어 있다. 셀프타이머는 셔터를
누른 뒤 사진이 찍히는 시간을 지연시켜 프레임 안으로 달려가 사진 찍힐 기회를
주는 기능이다.

카메라에 옵션이 있다면 움직이는 촬영을 가능하게 만드는 기능(아이폰에서는 라이브
포토), 어색하게 눈을 감거나 표정이 변하는 상황을 피할 수 있는 '버스트(burst)'나
'래피드 파이어(rapid fire)' 같은 연속 촬영 모드를 택하자.

경량 카메라와 스마트폰에 적합한 다리가 구부러지는 유연한 삼각대는 온라인에서
저렴하게 구할 수 있고 조명 장치, 난간, 나뭇가지 등 특이한 곳에 고정시킬 때
유용하다.

TIP!
유튜브에는 사진 촬영할 때 어떤 포즈를 취하면 최고의 모습을 보여주는지 방법을
공유하는 모델들의 영상이 많이 있다. 사진에서 우연히 멋지게 나오는 사람은 아무도 없다.
이는 누구라도 배울 수 있는 학습 가능한 기술이다.

스마트폰 카메라 최대한 활용하기

당신이 헌신적인 DSLR 사용자라도, 스마트폰 카메라도 잘 다루어야 한다고 굳게 믿는다. 무언가를 잽싸게 찍어야 할 때가 있기 마련이므로, 스마트폰 카메라의 간단하지만, 효과적인 옵션을 이해하는 정도에 따라 잘 나오는 사진과 망한 사진의 차이가 생긴다. 내가 어디에 있든 스마트폰 카메라를 최대한 활용하는 이유이다.

추천 설정

언제든 스마트폰으로 사진 찍을 수 있도록 설정해두라. 나는 플래시를 끄고(너무 밝으면 보기 싫은 그림자를 만든다), 격자 눈금은 켜 놓고 내장 프리셋은 활성화되지 않도록 설정해 놓았다.

빠른 접근성

잠금 화면에서 스마트폰의 기본 카메라를 여는 연습을 해라. 암호를 입력하거나 잠금 해제하지 않고도 가능할 것이다.

일단 충분히 연습하면 자동차를 운전하는 것처럼 근육이 기억해서 아무 생각 없이 카메라를 빨리 열 수 있다. 카메라를 여느라 허비하는 몇 초 사이에 눈 앞에 펼쳐지는 장면이 크게 달라질 수 있다. 나는 뒤적뒤적 카메라를 꺼내느라 블루벨 꽃밭 위에 앉아 있던 사슴을 놓친 아쉬움이 아직도 생생하다!

수동 설정

스마트폰 카메라의 자동 모드는 꽤 쓸 만하지만 포커스(카메라가 보는 것)와 노출(얼마나 많은 빛을 보는지)을 설정하면 더 효과적으로 제어할 수 있다. 대부분 스마트폰에서는 화면에 보이는 피사체를 누르면 박스가 나타난다. 그러면 영역 내의 모든 것에 포커스가 맞춰지고 노출이 적당하게 조절된다. 즉, 밝고 뚜렷하며 선명하게 조절된다는 뜻이다. 장면의 여러 영역에 포커스를 맞추면 다른 결과가 나타난다. 이미지에서 대비가 크다면 더욱 그렇다. 어두운 부분을 강조하면 전체 이미지가 밝아지고, 밝은 부분을 누르면 나머지 부분에 그림자가 드리워진다. 더 많은 부분을 제어하고 싶다면 앱스토어에서 여러 지점에서 포커스와 노출을 설정할 수 있는 카메라 앱을 찾아보라.

노출과 포커스 잠금

아이폰과 다른 스마트폰 카메라에서 잘 사용하지 않는 기능인 AE/AF 잠금을 통해 포컬 포인트(focal point)에 노출과 포커스를 맞추고 카메라의 자동 제어 시도를 무시할 수 있다. 화면을 누른 뒤 손가락으로 포컬 포인트를 1~2초간 누르고 있으면 AE/AF 잠금이 설정된다. 그러면 화면을 다시 누를 때까지 현재 설정이 유지된다.

연속 촬영 모드(연사 모드)

연속 촬영 모드는 다양한 조건에서 유용하며, 특히 피사체가 움직이고 있을 때 진가를 발휘한다. 보통 사진 찍는 동안 화면상의 셔터를 누르면 이 기능이 작동해 노출이나 포커스를 조정할 필요 없이 빠르게 연속 촬영할 수 있다.

스마트폰 카메라의 표준 속도로는 초당 10프레임 혹은 10장의 사진이 찍히는데, 이는 수동으로 셔터를 누르는 것보다 훨씬 빠르다. 이 모드는 아이들, 반려동물, 야생동물, 자화상 등 멋진 사진을 얻고자 빨리 셔터를 눌러야 하는 모든 상황에 적합하다.

HDR

HDR 혹은 '고 명암비(High Dynamic Range)' 모드에서 카메라는 이미지를 조금 다르게 처리한다. 이 기능은 어두컴컴한 실내에서 밝은 창문 풍경이나 밝은 하늘을 배경으로 한 풍경 등 고대비(high-contrast) 장면을 촬영할 때 사용되도록 고안되었다. HDR은 다른 노출 조건에서 사진 여러 장을 촬영한 뒤 각 부분의 가장 좋은 부분을 자동 결합해 두 영역의 디테일과 색을 더 잘 포착하는 것을 목표로 한다. 다른 자동화된 프로세스와 마찬가지로 결과가 가변적이므로 수동으로 노출을 조절해 찍은 사진을 가져와 어느 쪽이 더 나은지 비교해 보는 편이 좋다. 수동으로 확인하기 번거롭다면, HDR 모드를 사용할 때마다 자동으로 '가장 좋은' 이미지를 저장하도록 설정할 수도 있다.

RAW

최근 들어, 일부 스마트폰에서 RAW 파일 형식을 사진용으로 도입하기 시작했다. RAW로 촬영하면 스마트폰의 내부 프로세서가 통상적인 단계를 밟고 이미지 조정하는 것을 기본적으로 차단하므로 문자 그대로 '날 것(RAW)'의 아무 처리되지 않은 결과물이 도출된다. 후보정 단계에서 노출, 색상 및 기타 변수의 편집 범위가 넓다는 장점이 있지만, 파일 크기가 매우 커서 그만큼 저장 공간을 많이 차지한다는 단점도 공존한다. 스마트폰에서 RAW로 촬영하려면 추가로 앱을 다운로드해야 한다. 앱 스토어에서 평점이 높은 RAW 카메라 앱을 검색해 보라.

셔터 릴리즈(SHUTTER RELEASE)

스마트폰에는 화면의 큰 버튼 외에 셔터를 작동시키는 다양한 옵션이 내장되어 있다. 셀프타이머 뿐 아니라 스마트폰 측면의 상하 볼륨 조절 버튼이나 핸즈프리 헤드폰으로도 셔터를 작동시킬 수 있다(안드로이드폰에서는 카메라 앱 설정을 변경해야 할 수도 있다). 이 기능은 거리가 조금 떨어진 상황이나 흔들림을 줄이려 할 때 유용하며, 버튼을 눌러 작동할 수 있다. 태블릿이나 예비 스마트폰이 있다면(혹은 친구들에게 빌릴 수도 있다) 연결 앱을 통해 이 장치를 블루투스 리모컨으로 사용할 수도 있다. 삼각대 없이도 셀프타이머가 작동하게 스마트폰을 놓는 방법에도 여러 가지 있다. 빈 유리잔, 마스킹테이프, 점토용 접착제 또는 물체를 지지하는 것 등 안전하고 흔들림만 없다면 무엇이든 괜찮다!

수동 카메라 앱

추가로 앱이 설치되면 별도의 포커스와 노출 설정, 장노출 시뮬레이션(long exposure simulation), RAW 파일을 포함한, 보다 구체적인 스마트폰 카메라 설정이 가능하다. 기술은 항상 발전하고 있지만, 나는 'Camera+' 앱과 아이폰에서 이런 기능을 수동으로 활용하는 걸 좋아한다.

DSLR 오토 모드 끄기

사진에 대해 '아무것도 모르고 아무 장비도 없다'고 느끼는 사람은 당신만이 아니다. 온라인에서 새내기 포토그래퍼들에게 가장 자주 듣는 이야기이니 말이다. 필름카메라에서 DSLR(Digital Single Lens Reflex)에 이르는 학습 곡선은 매우 가파르고 이해하기도 어렵다. 많은 이들이 더 나은 기술에 투자하지만 당황하고 좌절할 뿐, 결국엔 오토 모드로 찍게 된다.

물론 이래도 아무 문제 없다. 원하는 사진을 찍고 이 결과에 만족한다면 계속해도 된다. 하지만 더 많은 걸 알고 싶어 몸이 근질거린다면, 여기 당신이 카메라에 조금 더 자신감을 느끼게 할 몇 가지 속성 가이드가 있으니 참고하라.

렌즈 선택

친구인 포토그래퍼 제임스 멜리아가 알려준 훌륭한 팁에 따르면 배우는 시기에는 한 개의 단렌즈(줌되지 않는 렌즈)를 골라 1~2년간 그 렌즈만 고수해야 한다. 배움이 제한적이라고 생각되겠지만, 렌즈 하나를 정말 제대로 배우면 이것저것 바꿔 끼는 것보다 거리와 조리개, 심도를 더 잘 이해하게 된다. 내가 카메라에 가장 자주 끼우는 렌즈는 35mm f2로, 다큐멘터리 스타일의 이미지와 디테일한 촬영, 부드럽고 감상적인 얕은 심도로 찍는 데 좋다.

셔터 스피드, 조리개, ISO

듣기만 해도 덜컥 겁나고 어렵게 느껴지지만(특히 숫자 때문에 더욱 그렇다), 셔터스피드와 조리개, ISO(Image Sensor Sensitivity)는 사실 간단하게 이해할 수 있으며 활용하기도 쉽다. 만약 당신이 완전 초보자여서 기가 죽는다면 기본 개념을 설명하는 유튜브 영상을 본 뒤 카메라를 들고 나가서 직접 사진을 찍어보며 설정의 차이를 직접 경험해보라. 많은 포토그래퍼는 이미지를 보면서 숫자로 생각하는 대신, 이미지가 너무 밝거나 어두우면 '그 다이얼을 왼쪽으로 돌려야' 한다고만 생각한다. 느낌에 근거해 카메라를 배우는 것도 널리 수용되는 전문적인 방식이다.

라이브뷰 모드로 촬영하기

카메라에 '라이브뷰' 옵션을 지원하는 백뷰(back view) 스크린이 있다면, 까다로운 조명 조건에서 촬영 전 설정을 미리 확인할 때 사용하라. 화면에 보이는 것은 말 그대로 현재 설정으로 찍게 될 사진의 실시간 미리 보기로, 촬영 전 언제 설정을 조정해야 하는지 보기 쉽게 한다. 스마트폰 화면에서 구성해 본 경험이 많다면 이런 작업을 좀 더 직관적으로 받아들일 수 있으므로 초심자 시절 카메라를 배워가는 데 도움이 된다.

자동값 조정하기

값을 설정하는 법을 이해하기 위해 자동 모드에서 사진 찍고 카메라의 기본 설정 값을 확인하는 것도 좋은 방법이다. 그런 다음, 수동 모드로 전환해 동일한 설정으로 실행한 뒤 원하는 결과를 얻기 위해 설정값을 높이고 낮춰본다. 관련된 값으로 조정하는 행위는 카메라와 친숙해지는 좋은 방법으로, 다양한 조명과 설정에서 그 숫자가 어떻게 달라지는지 금세 이해하게 될 것이다.

AV모드 시도하기

대부분의 카메라는 부분 자동 설정인 '조리개 우선 모드'를 제공한다. 수동으로 조리개를 원하는 대로 설정하면, 셔터 스피드와 ISO가 자동으로 계산되어 최적의 사진을 얻을 수 있다. 다시 한 번, 셔터 스피드와 ISO, 조리개 간의 동적 특성을 이해하기 위해 사진에 적용된 값에 주목하라.

스마트폰으로 편집하기

DSLR 학습 곡선과 씨름하고 있는 와중에 어도비 라이트룸(Adobe Lightroom)이나 포토샵(Photoshop)처럼 훌륭한, 그러나 쉽사리 도전하기엔 부담스러운 소프트웨어까지 익히는 건 역부족이다. 나는 107페이지에 수록된 모바일 앱을 이용해 인스타그램에 올리는 모든 이미지를 편집한다.

카메라에서 스마트폰으로 사진을 가져오는 방법:

- 당신의 DSLR이 와이파이나 블루투스 연결을 지원하는지 확인하라. 요즘 제품들은 거의 지원된다.
- 이 기능을 지원할 와이파이 메모리 카드 구입을 고려해보라.
- 이미지를 평소처럼 컴퓨터에 업로드하고 드롭박스나 어도비 클라우드 같은 서비스를 통해 스마트폰으로 공유하라.

총정리

연습용으로 단순한 정물 이미지를 찍어보자.

1.   사진으로 찍을 만한 진실하고 정직한 소재 찾기
예를 들어 꽃병에 꽂힌 꽃 한 송이, 나뭇가지, 갓 따른 커피, 애교부리는 고양이 같은
것이다. 다음으로는 단순하고 정적인 대상 대신, 금세 변하거나 유동적인 소재를
선택해보라. 일시적이고 변화무쌍한 대상을 찍는 편이 훨씬 의미가 있다. 상태가 오래
유지되지 않기 때문이다.

2.   빛을 찾는다.
빛이 마음에 드는 공간에서 테이블 상판, 창문 선반, 의자나 스툴처럼 평평한 면을 찾아라.
화창한 날이라면 빛으로 당신이 생각하는 문양이나 그림자를 만들 수 있는지 확인해보라.
흐린 날이면 최상의 빛을 얻기 위해 창문 가까이 가라.

3.   비교하기 위해 평소처럼 찍어라.

4.   이제는 지금까지 배운 걸 적용하자.
대상을 화면 가운데 놓고 격자선을 이용해 중심과 균형을 맞춘다. 수평 격자선이 테이블
표면과 평행한지, 스마트폰이나 카메라가 한쪽으로 틀어져 있지 않고 똑바로 향하고
있는지 체크한다. 스마트폰이나 카메라에 이런 기능이 있다면 노란색과 흰색 중심
십자선이 일렬로 정렬되도록 한다. 장면의 가장 밝은 부분에 맞춰 노출을 설정했는지
확인한 뒤 사진을 찍는다.

5.   이 과정을 반복하되, 이번에는 대상을 프레임의 한쪽으로 치우치게 둔다.
삼등분 법칙에 따라 격자 눈금선 중 하나에 맞춘다. 앵글과 노출을 확인하고 찍는다.

6.   집안의 다른 곳에서 이 과정을 반복한다.
빛이 프레임 안에 쏟아지는 방향뿐 아니라 대상의 각도와 위치를 바꿔가면서 시도해보라.

사진이 제대로 찍혔는지 확인한 다음 카메라를 내려놓고 잠시 쉬는 시간을 갖자.
편집할 때는 머리를 식히고 에너지 넘치는 시각일 때가 좋으므로, 편집에 대해
설명하는 다음 페이지를 읽고 이번에 찍은 사진을 살펴보라.

비 포   애 프 터

스마트폰으로 편집하기

최근 들어 스마트폰으로 편집하는 과정은 PC에 필적할 수준으로 발전했다. 라이트룸 앱은 기본 보정 및 색 보정에 좋으며, 포토샵 믹스는 레이어를 추가해 구름이나 새, 상상할 수 있는 모든 것을 만들어 내는 특수 효과를 내기에 적합하다. 스마트폰 편집 앱은 피드에 색상이 어떻게 표시되는지 더 잘 보여주는 반면, PC에서 편집한 이미지를 스마트폰 화면에서 보면 색상의 변화가 생길 수 있다.

@monalogue, UK

아이폰에서는 간단하고 재미있게 인스타그램을 편집할 수 있고, 손바닥에 들어가는 작은 화면에서도 결과물을 정확히 미리 볼 수 있다. 스마트폰 편집 앱은 인스타그램 스타일의 편집에 맞춰져 있지만, 포토샵이나 라이트룸을 배우느라 고생하고 싶지 않은 평범한 사람들을 위해, 감성적이고 빈티지한 프리셋까지 제공한다.

무엇보다 스마트폰으로 편집하면 세계 어느 곳에서나 사진을 찍고 수정해 실시간으로 공유할 수 있다. 일단 이렇게 끊기지 않고 작업하는 자유를 경험하고 나면 여행이나 휴가, 출사를 나가서 부피 큰 노트북을 들고 다니기 점점 힘들어진다.

당신이 별도의 카메라로 사진을 찍는다면 카메라에서 스마트폰으로 이미지를 불러오는 간단한 방법이 몇 가지 있다. 카메라에 와이파이나 블루투스 기능이 있다면 간단히 이를 통하면 되고, 그렇지 않다면 100페이지에서 설명한 팁을 참고해 간단하게 이미지를 옮기는 다른 방법을 찾아보라.

인스타그램 앱은 자체적으로 간단한 편집 도구를 제공하지만, 앱 스토어에서 다양한 앱을 찾아보는 재미도 쏠쏠하다.

내가 자주 사용하고 추천하는 앱에 대해서는 107페이지에서 간략히 설명해 놓았다. 그 중 당신에게 맞는 한두 개를 선택해서 사용하는 것이 좋다. 어떤 앱이든 기능이 중복되는 경우가 많으므로, 가장 편안하고 직관적으로 사용하기 쉬운 것을 찾아 당신이 작업하고 싶은 방식에 최적화하는 것이 중요하기 때문이다.

이 내용으로 글을 마무리 짓기가 무섭게 시장과 기술이 바뀔 것이다. 그러니 어떻게 해서든 스스로 연구해야 한다. 다음 내용은 지난 4년 혹은 그 이상 동안의 작업 기록이자 시대의 흐름에 따라 발전을 거듭하며 미래에도 유용하게 쓰이리라 믿는 나만의 노하우이다.

밝기 & 선명도

스마트폰으로 편집을 시작하기 전에 먼저 화면이 깨

끗하고 밝기 설정이 켜져 있는지 확인하고, 디스플레이 색상을 변경하는 야간 모드 혹은 필터가 켜져 있는지 확인하라.

수정으로 시작하라

이미지에 거슬리는 부분이 있다면 우선 수정부터 시작하라. 나는 보통 다른 부분을 보정하기 전에 시선을 바로잡고 불필요한 부분을 잘라낸다.

화이트 밸런스에 주의하라

편집에 일관된 결과와 조화로운 스타일을 만드는 데 있어서 프리셋이나 필터를 적용하기 전 최대한 자연스럽게 빛의 '온도'를 맞추는 것이 중요하다. 인공조명과 맑은 날의 햇빛은 노란빛 혹은 색상표에서 '따뜻한' 쪽에 위치한다. 구름을 통해 쏟아지는 자연광은 푸른 빛 혹은 '차가운' 색이다. 주변에서 볼 수 있는 파란색 백열 전구를 생각해보라.

필요 이상으로 하지 마라

어떤 툴이나 설정이든 과하면 오히려 편집에서 부조화를 일으킬 수 있다. 당신이 즐겨 사용하는 앱에서 프리셋의 강도를 낮출 옵션을 찾아 조심스럽게 움직여 편집한다.

그렇다고 필요 이하도 안 된다

때로 보정 작업이 '속임수'이며, 찍은 그대로 수정하지 않은 사진을 포스팅하는 것이 정직하다고 생각하는 사람들도 있다. 하지만 사실 후빈 작업은 현대 사진에서 사진을 찍는 것만큼이나 중요한 과정이다! 대부분의 이미지 프리셋은 '필름 에뮬레이션' 기술에서 나왔고, 많은 디지털 포토그래퍼들이 톤의 다양성과, 다른 필름이 전달할 수 있는 마무리 느낌을 재현하려고 시도할 때 사용하는데, 디지털 사진에서는 촬영 전이 아닌 촬영 후에 이러한 결정을 내린다. 인스타그램 같은 앱에서는 가공된 이미지가 관심을 받는 편이며, 편집되지 않은 사진은 감흥을 일으키지 못하고 이런 맥락에서 '미완성'된 사진으로 간주된다는 점을 명심하자.

마음에 드는 프리셋을 찾아라

한 가지 프리셋, 심지어 하나의 앱만 고정적으로 사용할 필요는 없지만, 즐겨 사용하는 프리셋이 있으면 이를 사용했을 때 결과를 쉽게 예측할 수 있다.

필터는 가장 마지막에 더하라

예측 가능하고 신뢰할 만한 결과를 얻으려면 기본 이미지를 편집하고 수정한 다음, 마지막 단계에서 프리셋이나 필터를 적용하는 것이 가장 효과적이다. 가끔은 마지막 조정을 하거나 그걸로도 모자라 몇 번 더 수정하는 경우도 있지만, 밑에 명확한 베이스라인 이미지를 놓고 작업하면 프리셋이 바꾼 결과를 파악하기가 더 쉽다. 어떤 사물을 제거하거나 디지털 조작 기술을 활용하는 경우에도 마찬가지이다. 마지막 단계에서 프리셋을 추가하면 조화롭게 효과를 주고 최대한 자연스럽게 보이게 할 수 있다.

VSCO

 **무료 앱, 저렴한 비용으로 프리셋 추가 가능.
아이폰과 안드로이드 모두에서 사용 가능.**

처음으로 사용한 스마트폰 편집 앱인 VSCO는 다양한
분위기, 스타일, 꾸미기로 구성된 프리셋 팩을 구매할
수 있다. 특별 행사 기간에는 한정판 프리셋이나 할인
가격으로 전체를 구매할 수도 있다. 편집 도구는 전부
무료이며 안정적이고 신뢰성이 높지만, 반직관적이며
처음에 적응하기 까다롭다는 불만도 있다.

이럴 때 좋다: 일반적인 후반 수정 작업. 이미지에
분위기를 더하고 싶을 때. 어둡고 그늘지거나 음영
처리된 이미지를 좋아하는 사람들이 선호함.

컬러 스토리(A Color Story)

 **무료 앱, 유료로 옵션과 프리셋 추가 가능.
아이폰과 안드로이드 모두에서 사용 가능.**

이 앱은 뷰티풀 메스(A Beautiful Mess)의 두 블로거가
인스타그램 이미지 편집용으로 만들었다. 컬러
스토리는 VSCO와 비슷하지만, 밝고 화려한 아름다움을
선호하는 크리에이터들에게 인기다. 프리셋과 사진
수정용 툴을 앱 내에서 구매해서 추가할 수 있다.
커브, 보케(bokeh: 초점 영역을 흐리게 함)를 비롯해
여러 재미있는 기능이 있다.

이럴 때 좋다: 일반적인 후반 수정 작업. 밝고 색감이
풍부한 이미지를 만들고 싶을 때. 편집 창의성을
발휘하기에 좋음.

포토샵 라이트룸

 아이폰과 안드로이드 모두에서 사용 가능.

최고의 데스크톱용 소프트웨어 어도비 포토샵과
라이트룸 개발팀이 만든 이 앱은 가장 인기있는 두 편집

도구를 하나의 앱으로 제공한다. 데스크톱용 포토샵,
라이트룸과 똑같지는 않지만, 두 버전과 프리셋을
공유하고 크리에이티브 클라우드(Creative Cloud)를
통해 이미지를 쉽게 전송할 수 있다는 점을 좋아하는
고정 사용자층이 있다.

이럴 때 좋다: 데스크톱용 편집 소프트웨어에 저장한
프리셋을 적용할 때.

스냅시드(Snapseed)

 무료. 아이폰과 안드로이드 모두에서 사용 가능.

스냅시드는 다른 앱에서 제공하지 않는 편집 툴과
옵션을 제공하는 데 있어서 틀을 깬 앱이다. 완전
무료이며, 특히 까다로운 수정 작업을 할 때 스마트폰에
설치할만한 가치가 있다. 여기서 제공하는 프리셋 중에
내 마음에 드는 것은 없지만, 스냅시드에서 수정한 다음
VSCO나 앞서 언급한 다른 앱에서 금세 필터를 적용할
수 있을 정도로 쉽다.

이럴 때 좋다: 일반적인 후반 작업, 까다로운 사진 수정
및 더 복잡한 편집. 노출, 채도 조정, 닷지/번 효과에
사용되는 브러시 도구가 굉장히 유용하다.

터치리터치(TouchRetouch)

 아이폰과 안드로이드 모두에서 사용 가능.

저렴하고 실용적인데, 특히 이미지에서 보기 싫은
선이나 물체를 제거하는 데 유용하다. 포토샵 클론과
잡티 도구를 사용하는 것과 비슷하지만, 훨씬
직관적이고 간편하며 놀라울 정도로 확실하고 빠른
결과를 얻을 수 있다.

이럴 때 좋다: 사진 속 철탑이나 전선, 뒤를 지나는
사람들을 지울 때.

꾸준히 흘러나오는 영감

창작이라는 모험을 이어가다 보면 영감이 우리를 저버린 듯 느껴지는 때가 있기 마련이다. 이젠 찍을 게 없다는 좌절을 피하고 비주얼 스토리텔링과 보조를 맞추기 위해 작품을 관통하는 몇 가지 프로젝트 혹은 테마를 도입하는 식의 재미있는 방법을 시도해 보자.

프로젝트의 힘

나는 1년 동안 하루도 빠짐없이 인스타그램에 사진을 포스팅하는 도전을 시작했다. 일명 365일 프로젝트였다. 포토 프로젝트는 어떤 형식으로든 할 수 있다. 좋아하는 영화의 한 장면, 좋아하는 책에서 나온 레시피, 여행하다 발견한 로맨틱한 그래피티, 혹은 단순히 1년 동안 자화상을 올릴 수도 있다. 프로젝트는 꾸준히 창작에 전념하게 하는 좋은 이유이자, 카메라를 집어 들고 착실히 해 나가게 하는 동력이 된다.

주제에 따른 변주

만일 특정 장면이 당신의 마음에 들고 관객들의 좋은 평을 받았다면, 이를 주제로 연작으로 재창조하는 방법을 찾아보자. 똑같은 이미지를 핵심 요소만 바꾸는 작업은 신선함을 유지하면서도 더 많은 이야기를 나눌 만한 사진 컬렉션이 될 수도 있다. 최근에 찍은 사진을 살펴보고 새로운 차원으로 재작업할 수 있는지 생각해 보라.

점진적인 변화

때로 우리 삶에서 익숙한 대상은 시간의 흐름에 따른 이야기를 들려준다. 창 밖으로 바뀌는 풍경, 갓난아기가 하루가 다르게 자라며 첫 애착 인형이 점점 작아 보이는 모습처럼 말이다. 같은 이미지를 규칙적으로 반복하는 것은 점진적인 변화와 시간의 흐름을 기록하기에 좋은 방법이다.

유머

사진을 찍을 때 항상 진지할 필요는 없다. 몇몇 최고의 인스타그램 계정은 패러디 이미지나 유명인들의 사진을 웃기게 재현한 사진부터, 요가 연습하는 바비 인형까지 게시하며 우리를 웃다 지치게 한다. 이처럼 유머를 담은 이미지는 만드는 사람만큼이나 소비하는 사람에게도 즐거움을 준다.

어느 해, 지쳐 탈진한 나는 인스타그램에 로맨틱한 '데이트' 연작을 올릴 생각으로 골판지를 잘라 루크 스카이워커(편집주: 《스타워즈》 시리즈에 등장하는 캐릭터)를 만들었다. 주황색 옷을 입은 제다이를 데리고 런던 지하철을 타고 바람 부는 노섬벌랜드 바닷가에 가서 친구들과 점심을 먹는 즐거움은 사진 작업에 골몰하느라 지친 내게 반가운 해독제가 되었고, 덕분에 시리즈의 마지막 촬영에서는 그 역할을 연기한 배우까지 만날 수 있었다!

WHP

인스타그램은 주말마다 '#whp'이나 '주말 해시태그 프로젝트(weekend hashtag project)'로 이용자들의 창의성을 자극하고, 반응이 좋은 게시물을 선정해 공식 계정에 게재한다. 테마는 당신이 세계 어디에 있든 토요일 아침까지는 공개되며, @instagram 공식 계정의 최신 포스팅으로 확인할 수도 있다. 이전에 등장했던 테마는 '숨겨진', '빛', '움직임', '사랑' 등이었고, 그 주의 해시태그 아래 항목을 살펴보는 것도 팔로우하고 영감을 얻을 새로운 사람을 찾기에 좋은 방법이다.

그 주의 선정 대상에 포함되려면 월요일까지는 올려야 하는데, 이처럼 주제와 일정의 제한이 있는 프로젝트는 창의성을 발휘하는 데 큰 자극이자 참신하고 색다른 무언가를 시도할 원동력이 된다.

재현과 재표현

38페이지에서 우리가 모아 놓은 영감을 주는 이미지로 돌아가 마음에 드는 이미지 하나를 선택하라. 이 이미지를 우리만의 스타일로 재현하고 재표현할 것이다. 다른 사람의 작품을 도약점으로 삼는다니 기분이 이상하겠지만, 이런 작업은 훌륭한 학습 방법이다. 그림이나 피아노를 배울 때 위대한 거장을 모방하듯, 우리가 숭배하는 이의 작품이라는 신발을 신고 걸어봄으로써 우리 자신의 기술과 기교에 대해 많은 깨달음을 얻을 수 있다.

재현하려는 이미지를 자세히 살펴보자.

- 이 작품의 어떤 점이 마음에 드나?
- 유지하고 싶은 요소는 무엇인가?
- 빛은 어느 방향에서 들어오고, 어떤 종류인가?
- 어떤 식으로 구성되었나?
- 재현할 때 이 작품의 어떤 요소를 수용할 것인가?
- 어떤 식으로 편집했는가?

이제 바꾸고 싶은 요소를 생각해보자. 아무것도 바꾸지 않은 복사본을 만들기는 쉽지만, 그 결과물은 불만족스러울 때가 많다. 우리가 상상한 이미지가 제대로 반영되지도 않고 영감을 주던 원래의 이미지에 비해 부족한 느낌이 드는 경우가 다반사다.

대신, 오브제와 피사체, 위치를 살펴보고 어떻게 하면 자신만의 스타일로 만들 수 있는지 생각해보라. 영감을 준 사진이 해 질 녘의 해변 하늘이 배경이라면, 당신의 작품 또한 해 질 녘의 도심 하늘을 배경으로 하는 것이다. 당신이 그곳에 살고 있기 때문이다. 커피 마시며 뜨개질하는 이미지가 끌렸다면, 자신의 스타일에 맞게 아침의 차 한잔과 서예 연습으로 바꿀 수 있다.

장면을 설정하고 사진 촬영을 실험하라. 까다로운 작업일 것이다. 조명, 그림자, 앵글을 신경 써야 하고, 끝없이 욕을 퍼부어대는 내면의 비평가에도 맞서야 한다. 하지만, 그 목소리를 무시하고, 영감을 주는 이미지를 계속 확인하며 여러 설정을 적용해보고 결과를 확인하고 다시 시도해보라.

물론 목표는 완벽한 재현이 아니라 이 모든 부분을 파악하는 것이다. 완벽한 대칭을
얻기 위해 그들은 어디에 서 있었을까? 어떻게 저런 식으로 컵을 고정했을까? 이상의
내용은 비주얼 스토리텔러로 성장하며 깨쳐가는 소소한 배움이며, 다른 사람들의 사진을
재현하는 방법은 배움을 얻기에 가장 효과적인 지름길이다.

당신이 만들어낸 작품이 마음에 들면, 작업을 계속하며 온라인에서
공유하라. 당신에게 영감을 준 이미지를 공유할 때 원작의 크리에이터를
태그하는 에티켓을 보이자.

#HashtagAuthenticCreation 해시태그를 달고 당신의 이미지를
업로드 후, 나도 태그하라. 그러면 내가 잠깐 들러 당신에게 응원의
메시지를 남길 수 있을 테고, 이 과정을 거치는 다른 사람들도 당신이
어떻게 해나가는지 볼 수 있다!

삶을 저장하기

꼭 디즈니랜드에 갈 필요는 없다

어린 시절의 추억으로 짠 태피스트리에서 가장 두드러지는 추억은 이벤트 같던
디즈니랜드 여행이 아닌, 가족 만찬, 자연 산책, 잠자리에서 함께 책 읽기, 토요일 아침에
먹던 팬케이크 같은 내내 이어지고 반복되는 평범한 일상이다.

킴 존 페인 | 내 아이를 망치는 과잉육아(Simplicity Parenting) 저자

당신에게 아이가 있든 없든 모두 공감할 것이다. 바로, 인생은 평범한 실로 짠 태피스트리라는 사실 말이다. 어떤 건 반복되고, 어떤 건 독특하고, 가끔 금실 한두 가닥이 섞이기도 한다.

물론 호화로운 디즈니랜드 여행이 별 의미 없다는 뜻은 아니다. 하지만 과거를 회상할 때 보통은 알록달록한 기념품 가게에서 미키마우스 머리띠를 사달라고 떼쓰던 일, 아이스크림을 바닥에 떨어뜨려 울던 일처럼 평온한 일상의 순간을 떠올리기 마련이다.

클라이언트나 친구들과 인스타그램에 대해 이야기를 나눌 때면, 많이들 아이디어가 부족하다고 한다. 영감을 받지 못하기 때문에 매번 새로운 사진의 소재를 찾느라 바쁘다는 것이다. 길 위에서라면 사진 찍을 거리가 생길 것 같아 여행을 떠나야만 한다는 생각도 한다.

원래 인생은 이렇다. 새로운 장소, 계절, 중요한 행사와 트렌드 그리고 가족과의 약속, 일의 변화, 특별한 행사, 시험 기간 같은 일상의 무게가 우리를 짓눌러 사진으로 포착할 무언가를 보지 못하게 한다.

창의성 연습은 스트레스가 극심하고 힘든 시기를 극복할 훌륭한 도구가 될 수 있지만, 이를 즐기기 위해선 완벽해야 한다는 부담감과 고정관념을 버려야 한다. 다른 사람들이 무엇을 하고 있는지 파악하고 우리 자신의 이야기를 들려줄 마법을 찾아내야 한다.

이번 장에서는 당신을 둘러싼 일상 속에서 경이로움을 찾아낼 방법을 공유할 것이다. 완벽한 집, 완벽한 옷, 완벽한 삶이 아니어도 된다. 삶이 어떤 모습이더라도, 공유할 만한 자신만의 마법의 왕국이니 말이다.

해시태그 사용 시 주의사항

이번 장에서 공유하는 모든 인스타그램 해시태그는 글을 쓸 때 영감을 주는 찬란한 이미지로 가득 차 있다. 해시태그가 변질되면서 게시물이 많을 수도 있으므로 신중하게 클릭하고 그것을 찾아보고서 적절하지 못하다는 생각이 들면 무시해라. 내 것을 가져가 당신의 리스트에 추가해도 좋다. 책에서 쓴 해시태그는 전부 사용 가능하다. 그리고 내가 매월 무료로 배포하는 뉴스레터에서 새로운 해시태그를 공유하고 있다. **meandorla.co.uk**에서 구독 신청하여 최신 소식을 받아보시라!

공예 활동

간혹 정말로 사진 찍을 만한 게 없다면 우리 스스로 아름다움을 만들어내면 된다. 예술과 공예 활동이야말로 완벽한 방법이다. 아이들과 함께 포장지에 감자로 만든 도장으로 문양을 찍든 부엌의 라디오 소리에 맞춰 직접 봄 화환을 짜든, 만드는 행위는 평온하면서도 조용히 당신의 일상에 새롭고 편한 '인스타그램에 올릴 만한' 소재를 가져 올 것이다.

게다가 이러한 활동은 우리에게 기쁨과 소중한 여유를 준다. 아마추어, 예술가, 전업 공예가 무엇이 되었든 간에, 작업 과정과 결과를 상세히 기록하면 발전한 부분을 기록으로 남기고 기술을 공유하며 새로운 각도에서 우리 작품을 감상하고 이해할 수 있게 된다.

만들기 활동을 사진 찍을 때 작품의 진행 과정을 보여주는 것을 게을리하지 마라. 때로는 놓인 도구와 재료만으로 가능성의 분위기를 설정하고 본격적인 작업을 시작하기 30분 전의 조용한 즐거움을 포착할 수 있다.

중간 단계의 난장판을 질감을 살려 생생히 포착하라. 당신이 깔끔하고 체계적으로 일하는 타입인지, 나처럼 끝도 없이 늘어놓는 타입인지 보여주자. 이렇게 촉각적이고 동질감을 주는 디테일은 시선을 끌고 비주얼 스토리에 미묘한 느낌을 더한다.

일이 잘될 때뿐 아니라 망쳤을 때도 기록하라! 망친 건 감추고 최고의 순간만 사진으로 남기고 싶은 유혹이 있겠지만, 일을 하는 과정에서 생기는 혼란과 실수야말로 정말 흥미롭게 교훈을 배울 수 있는 지점이다.

끝내고 나서는 최종 결과물을 스타일링하여 자랑스레 뽐내자. 한 번의 공예 활동으로 열 장 이상의 멋진 사진을 거뜬히 얻을 수 있다. 이 사진들을 피드에 올리거나 스토리에서 공유하고, 블로그에 포스팅하거나 간단한 튜토리얼을 제작하는 데 활용할 수 있다. 화환이나 케이크 만들기처럼 당신이 즐기는 특별한 기술이 있다면 여기에 다양한 변화를 주어 이어지는 시리즈로 만들어보라.

관련 해시태그

#makersgonnamake #wipsandblooms
#slowliving_create
'WIP'는 '작업 중(work in progress)'을 뜻한다
#핸드메이드 #DIY #취미생활 #취미

(편집주: 국내에서 더 많이 사용되는 해시태그는 하단에 분홍색으로 기재하였으니 참고하길 바란다.)

인스타그램은 내 생각과 과정을 기록하는
일기이며, 내 솜씨의 발전을 보여주는 역사적
기록이고, 고객들과 내 일을 공유하는 주된
방법이다.

이 기록은 지극히 개인적이면서도 상업적으로도
쓸모가 있다. 이로 인해 나는 더 나은
포토그래퍼이자 작가가 되었고, 결코 알지
못했던 사람들과 연결될 수 있었다.

@jonosmart, Scotland

사진에 당신의 손을 등장시켜라

복잡한 장비나 준비 없이도 당신의 두 손을 사진에 담는 방법은 아주 많다.

간단하게는, 스마트폰을 셀프타이머 모드로 전환한 뒤 입에 스마트폰을 밀어 넣어 쿠키를 베어 물듯 물고는 셔터 릴리즈를 누른 뒤 재빨리 두 손을 프레임 안에 밀어 넣는 방법이 있다. 약간의 연습이 필요하고 사람들 사이에서 완전히 우스꽝스럽게 보이겠지만, 추가 장비가 필요 없다는 점이 큰 매력이다!

그렇지 않다면, 긴 널빤지 또는 반대편 끝에 무거운 추가 달린 막대기를 사용해 작업 공간 위에 붐암 스탠드를 설치하라. 마스킹테이프를 이용하거나 널빤지 가장자리에 카메라가 살짝 보이도록 균형을 맞춰 스마트폰을 부착한다.

천장의 고리에 다리가 구부러지는 '고릴라 삼각대'를 붙여 성공한 적도 있다.

정기적으로 이런 사진을 찍을 거라면 다리 달린 전용 삼각대 구입도 고려해보라.

높은 곳에서 스마트폰을 설치할 때는 떨어뜨리지 않도록 각별히 주의하라. 멋진 인스타 샷을 찍겠다며 천장에 스마트폰을 붙이려 한쪽 다리로 균형 잡다가 다치는 사태가 일어나도 책임 못 진다.

음식과 재료

다른 가족의 일요일 만찬이나 크리스마스 식사 사진을 본 적 있는가? 같은 재료로 만들어졌는데도 전혀 생소해 보인다. 음식은 지극히 개인적인 부분이다. 의식과 역사, 사회 규범과 사고로 가득 차 있으며, 오랜 비합리적 도덕성 역시 담겨 있다.

이런 점에서 음식을 공유한다는 것은 접근하기 쉽고 친밀한 느낌을 주는 행위로, 강한 연대감을 기를 수 있다. 또한, 잘만 하면 '손가락을 멈출' 클릭 어필로 작용하기도 한다. 점심 먹기 전에 인스타그램의 음식 이미지에 얼마나 끌리는지 생각해보라!

다음은 음식 사진을 찍을 때 주의해야 할 점이다.

역사를 공유하라. 집밥은 발에 잘 길들여진 신발처럼 친숙한 느낌을 준다. 우리 할머니의 레시피로 만든 요리의 냄새는 언제나, 할머니 집에 온 듯 느껴지게 한다. 나는 할머니의 오래된 베이킹 트레이를 이용하거나 할머니가 직접 쓴 레시피를 사진에 포함해 이런 느낌을 불어넣는다.

보여주는 방식이 중요하다. 레스토랑의 최고 셰프들이 자신들이 만든 요리를 플레이팅하는 데 많이 신경 쓰는 이유이다. 인스타그램이 생기기 전부터 그랬다! 평소 식사에서는 대부분 접시 위에 대충 담아두면 되지만, 냄새를 맡지도 만지지도 맛을 보지도 못해 얼마나 정성스레 만들어졌는지 알지 못할 때, 맛있을지 아닐지는 시각적인 요소에만 의존할 수밖에 없다는 점을 유념하자. 그러니 음식이 접시 위에 어떻게 놓여 있는지, 네거티브 스페이스가 어디인지, 색깔과 모양이 어울리는지 생각해보라. 익숙한 이야기라고? 사진을 구성할 때 보는 기준과 본질적으로 똑같다. 이번에는 우리의 작업 프레임이 접시라는 점만 빼고 말이다.

장면을 넓혀라. 접시가 어떤 표면 위에 있나? 테이블 위에 다른 사물이 놓여 있나? 다른 사람들과 함께 식사하는 중인가? 접시와 물컵도 보이는가? 아니면 손에 든 음식이거나 준비 중인 음식일 수도 있다. 더 큰 맥락과 중요성을 부여할 단서를 음식 주변에 배치하는 걸 잊지 마라.

관련 해시태그

#MyCommonTable #foodstylingclub
#myopenkitchen #tablesituation
#홈쿡 #쿡스타그램 #요리스타그램 #가정식
#집밥 #푸드스타일링 #집밥스타그램

부엌에서 요리되어 식탁에서 공유되는 음식은
소리, 냄새, 질감, 맛, 색깔의 오감과 함께 여섯
번째 감각인 감성을 자극한다. 하지만 소셜
미디어용으로 음식을 스타일링하고 사진을 찍을
때는 단 한 가지 감각, 바로 시각만 전달하게
된다. 그러므로 그 한 가지 감각을 창의적으로
이용해 다른 감각을 불러일으켜야 한다. 음식
사진에 다른 감각을 전달하는 가장 좋은 방법은
분위기를 자아내는 소품을 이용하는 것이다.
질감과 맛을 전달하기 위해 물방울과 부스러기가
떨어진 생생한 장면을 만들어내고, 적절한 때에
증기나 손을 이용한 작용을 포함하고(가장 중요한
부분이다!), 자연광에서 음식 사진을 찍어라.
산란하거나 간접적인 햇빛이 가장 좋은데, 이는
진짜 색을 드러나게 하며 보는 이들을 그 순간과
맛, 두 가지 요인으로 매혹시킬 수 있기 때문이다.

@local_milk, USA

소풍과 여행

멋진 여행 사진은 보는 이들에게 함께 여행하는 듯한 느낌을 준다. 당신이 사는 동네에서 머나먼 이국적인 지역에 이르기까지, 여행의 소소한 디테일은 팔로워를 간접적인 모험의 세계로 데려간다. 전 세계가 우리 동네처럼 느껴지는 것. 이런 감성은 인스타그램이 주는 큰 즐거움 중 하나이다.

인스타그램에 여행 사진을 게시하느라 사람들이 '그 순간의 느낌을 놓치게' 된다는 비판이 적지 않다. 사진 한 장에만 근거해 목적지를 방문한 뒤 렌즈를 통해서만 바라본다는 것이다. 물론 현대 세계에서는 조금 더 마음을 챙겨야겠지만, 개인적으로는 사진을 찍으면 여행이 더 즐거워진다고 생각한다. 사진을 찍으면 멈춰 서서 아름다움을 보고 사소한 것들도 감상하게 된다. 또한 낯선

도시에서 동떨어지거나 튄다는 기분을 느끼지 않고도, 나와 카메라만으로 느긋한 오후 나절을 보낼 수 있다.

사실, 나는 처음으로 어떤 곳을 방문할 때면 먼저 인스타그램을 통해 가볼 장소를 찾기 시작한다. 새로운 지역으로 갈 때 멋진 술집, 카페, 해변이나 관광 명소를 찾는 가장 좋은 방법은 지역 사회에 의존할 수 있는 최신 실시간 가이드북을 챙기는 것 아니겠는가.

관련 해시태그

#slowtravelstories #thewanderingtourist
#traveldetails #glocal
#여행 #여행스타그램 #여행에미치다
#여행중 #여행중독

호기심을 따르다 보니 여행 사진 찍는 일이 내 인생이 되어버렸다. 다른 전문 포토그래퍼들보다 비교적 늦게 카메라를 들었지만, 사진 촬영은 금세 나 자신을 표현하는 가장 자연스러운 방식이 되었고 시간이 흐르며 큰 열정의 대상이자 커리어로 발전했다. 세상을 보는 대로 공유하고 새로운 곳을 여행하고 새로운 사람들을 만나며 배운 것을 소통하는 것이 내가 아는 최고의 방법이다. 호기심을 사로잡는 무언가를 따를 때, 인생은 영원히 바뀔 수 있다. 내 경우에는 호기심이 카메라를 들고 사람들의 이야기와 공유되어야 할 세상의 문제를 기록하도록 이끌었다. 그리고 결코 허락을 구하지도 뒤돌아보지도 않았다.

@freyadowson, UK&Canada

여행의 순간을 포착하는 유용한 팁

- 평소의 일상과 대비되는 소소한 디테일에 주목하라. 색다른 우체통, 초인종, 길가의 잡초, 낯선 외국어로 쓰인 표시판을 통해 새로운 곳에 대한 관심과 스토리를 보여주자.

- 당신이 뛰어든 모험을 시작, 중간과정, 끝으로 구성하라. 인스타그램 스토리에서 짐 싸는 것부터 집에 돌아오기까지의 과정을 공유하라.

- 뻔한 클리셰는 피하라. 비행기 창 너머로 보이는 구름은 정말 경이로워서 사진으로 담고 싶은 마음을 억누르기 어려울 정도겠지만, 이런 사진은 다른 사람의 꿈 이야기를 듣는 것처럼 흥미를 끌기 어렵다. 예측 가능한 사진에 소품을 더해 생명력을 불어넣어라. 추천하는 책, 하늘을 배경으로 한 종이 모양이나 휴가지의 기념품은 어떨까.

- 익숙한 경치나 장면에 당신만의 독특한 이야기를 덧붙이자. 인스타그램에서 완벽한 경치나 장소를 쉽게 찾을 수 있지만, 대부분 수도 없이 재현된 것들이다. 이런 장소에 갈 때 장소 태그를 확인해 다른 사람들은 무엇을 찍었는지 확인하고, 다른 사진을 찍으려 시도해보라.

- 현재 당신의 집이 비어 있다는 사실을 인터넷상에 알리는 셈이라는 사실을 유념하라. 온라인상에 집 주소가 공개되지 않도록 주의하고 세부 여정이 드러나지 않도록 일정보다 늦게 포스팅하라.

- 명심하라. 사람들은 사진의 소품이 아니다. 일터나 일상생활 공간의 사람들을 찍기 전에 항상 허가를 받아라. 항상 친절하고 예의 바른 태도를 유지하라.

날씨와 계절

변화하는 날씨와 계절은 늘 저마다의 이야기를 들려준다. 똑같은 장소도 더운 여름날 저녁과 눈 덮인 겨울 낮은 전혀 다른 모습이다. 가을의 낙엽, 봄날 활짝 핀 꽃, 여름의 바닷가, 겨울의 첫 서리. 당신이 어디에 있든, 언제나 자연이 순환하는 아름다운 징후를 카메라에 담을 수 있다.

이렇게 계절의 순간을 담은 사진은 전 세계 온라인에서 인기이다. 지구 반대편의 다른 계절, 같은 날 지구 정반대의 모습이 얼마나 다른지 보고 있노라면 마치 마법처럼 느껴진다. 계절의 변화는 우리를 뿌리에 묶어 놓는 역할을 한다. 인류 역사를 거치며 인간은 자연계의 연간 변화를 지도화하는 방법을 찾아냈다. 온라인으로 공유할 때도 이러한 방법을 도입하면 좋다.

다음은 당신이 사는 곳의 날씨를 최대한 활용하는 데 유용한 몇 가지 팁이다.

극단적인 날씨를 찍어라. 눈부시게 푸른 하늘, 높이 쌓인 눈, 번개, 갑작스러운 폭우처럼 극단적인 날씨는 이미지에서 멋지게 표현된다.

내부로도 시선을 돌리자. 실내에서도 계절의 흔적을 느낄 수 있다. 문간에 놓인 진흙투성이 부츠, 비에 젖은 밝은 우산, 눈이 묻은 벙어리장갑, 선크림과 모래 자국이 남은 채 접힌 돗자리처럼, 우리가 다른 날씨에 사용하는 옷과 액세서리에는 향수와 이야기로 가득하다.

자연이 보여주는 최고의 장면을 잡아라. 어떤 계절이더라도 공원과 정원에는 작고 조용한 단서가 있다. 눈 위로 고개를 내민 초록색 새싹이나 보도 위의 목련 꽃잎 카펫처럼 변화의 기운을 처음 느낀 특별하고 놀라운 순간을 찾아라.

분위기를 만들어내라. 사람들은 아늑함과 따뜻함을 연상시키는 겨울과 가을 풍경, 시원하고 상쾌한 여름의 이미지를 좋아한다. 여름날 그늘의 아이스크림, 겨울철 난롯가의 두꺼운 담요처럼 사진의 피사체에 바깥 날씨를 담는 방법을 찾아보라.

관련 해시태그

#stillswithstories #gloomandglow
#stylingtheseasons #aseasonalshift
#풍경 #풍경사진 #오늘의하늘 #오늘의날씨
#사계절 #날씨 #자연

나는 우울한 1월부터 밝고 산뜻한 6월까지
계절이 대비되는 모습을 사랑한다.
스칸디나비아는 그냥 어두운 것이 아니라
언제나 그림자가 있고, 바로 그것이 내가 담고
싶은 모습이다. 세상에 천국이란 없지만.
이따금 자세히 보면 그 조각이 있다.

@poppyloveyou, Denmark

특별한 날 축하하기

우리가 카메라에 손을 뻗게 되는 특별한 날의 사진은 가족 앨범의 많은 부분을 차지한다. 비주얼 스토리텔러의 능력을 발휘해 이런 날들의 분위기와 어떤 순간을 더 풍부하게 포착해, 내킬 때마다 돌아볼 수 있는 미니 타임캡슐을 만들 수 있다. 우리가 떠올리는 이미지의 중심에 이미 이야기와 향수가 자리 잡은 상황에서, 특별한 날을 축하하는 기억은 감정을 최대한 끌어올려 (때로는 어렵겠지만) 기쁨의 순간에 찾아온 진심을 포착할 기회를 준다.

디테일을 찾아라. 손님들의 신발, 생일 케이크에 꽃을 초 고르기, 초콜릿이 묻어 있는 케이크 접시 등 모든 것이 이야기의 구성 요소가 된다.

모아두지 말고 사진으로 남겨라. 카드, 포장지, 바람 빠진 풍선. 나는 딸아이가 태어난 뒤 이 모든 걸 간직하고 있다가, 메시지와 감성을 담아 사진을 찍으면 집에 종이 뭉치가 넘쳐나지 않으면서도 안전하게 보관할 수 있다는 사실을 깨달았다.

잊기 쉬운 것들을 기록하라. 바깥 날씨는 어떤가? 어떤 음료수가 서빙되었나? 라디오에서 어떤 음악이 흘러나왔나?

의식과 전통을 드러내라. 산타클로스를 위한 간식부터, 죽은 친척을 위해 비워둔 자리까지 특별한 행사는 사랑과 마법, 의미로 가득 차 있다.

사람들을 기록하라. 물론 그들의 얼굴을 비롯한 전체 모습을 담아야 하지만, 칠면조 요리를 써는 조부모의 나이 든 손, 벗겨진 포장지와 리본, 바다를 걷는 아기의 작은 발처럼 디테일도 포착해라.

관계를 맺고 공유하라. 만약 가족 행사가 어렵거나 특별한 행사가 고통스럽다면, 만들어내고 공유하는 것은 가족 외의 사람들과 관계를 맺는 좋은 방법이 될 수 있다. 경이롭게 다양한 인터넷 공간에서는 당신과 똑같은 경험을 하는 사람을 찾을 수 있다. 예를 들어, 트위터의 #joinin 해시태그는 매년 크리스마스를 혼자 보내는 사람들을 한데 불러모으고 있다.

> **관련 해시태그**
>
> #GatheringLikeThese #festivefaffing
> #tableinspiration
> #기념일 #축하 #이벤트 #anniversary

한 무리의 여자들이 아름다운 배경 주변에 모여
자신의 모든 것을 드러낼 때 일어나는 마법은 늘
설명하기 어렵다. 하지만 인스타그램은 호기심과
기쁨을 표현하며 이들을 끌어들여 따뜻함을
나눌 기회를 주었다.

모임의 순간을 빠르게 포착하고 공유하는 것은
유대관계와 친밀함이라는 추억을 간직하는
아름다운 방법이다. 그러면 추억을 되살아나고
마법이 계속된다.

@melwiggins, Northern Ireland

집을 꾸미다

우리 집과 인테리어는 일상 속 모험의 배경 99%를 차지하며, 취향과 생각, 경험을 충분히 보여준다.

처음 인스타그램을 시작했을 때, 나는 정말 마음에 들지 않는 작은 주택에 살고 있었다. 비바람을 막아줄 지붕이 있다는 사실은 감사했지만, 집처럼 느껴지는 구석은 하나도 없었기에 그곳에서 살던 나날은 늘 황량한 불안감으로 물들어 있었다. 당시 내 삶의 큰 그림은 나와 맞지 않아서, 대신 작은 부분에 초점을 맞췄다. 사진을 찍으면서, 내가 선택해 관리할 수 있는 작은 부분을 찾아 확대해보는 방법을 알게 되었다. 그 작은 사각형을 보며 집에 마음을 붙이고 편안함을 느낄 방법을 찾아냈다.

인테리어는 별거 아니라고 생각하는 이들이 많지만, 생활공간은 우리가 어떻게 살고 느끼는지에 엄청난 영향을 미친다. 선반을 예쁘게 장식하고, 잡지의 사진을 오려 벽을 꾸미고, 식탁에 꽃다발을 올려두는 것은 마음가짐, 기분, 의욕에 영향을 주는 작지만 중요한 방법이다.

주변의 사소한 일과 자질구레한 집안일에 신경 쓰는 건 어리석은 일은 아니다. 때때로 이런 일들은 어렵고 고통스러우며 추악할 때도 많은 세상에서 회복할 수 있는 최선의 방어수단이기 때문이다.

사소한 것을 찾아라. 선반 한구석, 부엌을 비춘 빛줄기, 아이가 문 옆 계단에 벗어둔 부츠. 특히 완전한 자기 취향의 공간을 만들기 어려운 임대 주택에서는 사소한 디테일이라도 우리 마음대로 배치하여 즐겨보자.

난장판을 공유하라. 사진을 찍고자 정리하고 편집하고 싶은 유혹이 있겠지만, 현실적인 가정생활에서 발견할 수 있는 마법도 그만큼 많다. 구겨지고 정리되지 않은 침대는 주름 하나 없이 완벽한 침대보다 더 많은 이야기를 들려주고, 개가 마당을 뛰놀다 들어와 찍은 진흙투성이 발자국은 티끌 한 점 없이 깨끗한 바닥보다 훨씬 더 재미있다.

스타일링을 즐겨라. 사진 찍기와 인스타그램은 인테리어에 관심이 있는 이들에게 마음껏 시도해볼 완벽한 구실이 되어준다. 그래서 금세 잊어버릴 예쁜 소품으로 집을 채워 놓곤 한다. 완벽한 책장 사진(#shelfie)을 찍으려고 선반을 다시 만들거나 계절의 느낌을 살리려고 (#stylingtheseasons) 밖에서 계절의 아이템을 들고 오든, 마지 못해 일주일에 한 번 청소하는 것보다 집안 꾸미기에 열을 올리는 편이 훨씬 의미 있지 않을까!

관련 해시태그 탐색

#pocketofmyhome #atmine
#shelfiesaturday
#오늘의집 #인테리어 #집꾸미기
#집스타그램 #홈스타그램 #온라인집들이
#홈인테리어 #홈데코

집 사진을 찍으러 안으로 들어갈 때.
나는 잠시 방을 둘러보는 걸 좋아한다.
멈춰서 집주인이 사랑과 관심을 쏟은
공간을 알아보고 물건에 숨은 추억을
묻는다. 이로써 집과 그 안에 사는
사람들에 대한 이야기를 가장 잘
공유하며. 집안의 분위기를 정확히
보여주는 사진을 찍을 수 있다.

@abbie_melle, Australia

아름답게 차려입기

인터넷은 직업적 전문성과 재능을 공유하는 패션 블로거들과 메이크업 전문가들로 이루어진 뷰티 콘텐츠의 본거지이다. 만약 당신이 이런 부류에 속하지 않는다면, 다소 불안할 수도 있다. 특히 당신의 몸이 뷰티나 스타일의 보편적 기준에 부합하지 않는다면 말이다.

하지만 그런 생각은 지워버려라. 인터넷은 다양한 인간들로 이루어진 거대한 솥단지이며, 멋지지만 불완전한 실제 모습을 보여주고 공유함으로써 몸의 다양성을 확대하고 그 과정에서 우리의 스타일과 개성을 찬양할 수 있다.

당연히 악성 댓글이나 욕설의 위협이 크기 때문에, 190~193페이지에 걸쳐 안전을 유지하고 이러한 위협으로부터 자신을 지키는 방법에 대해 자세히 써 놓았다. 하지만 당신의 이미지를 통해 옷이나 뷰티, 패션을 공유하는 일이 매력적으로 느껴진다면, 세상의 투덜이들과 악플러들이 당신의 창의성을 고사시키지 않도록 즐거운 마음으로 용기를 내기 바란다.

다양한 방식으로 옷차림을 포착하라. 옷 입기 전 침대 위에 늘어놓은 모습부터 옷장에 걸려 있는 것, 실제로 입은 모습을 담은 셀카나 인물 사진.

모자까지 갖춰 써라. 모자는 어떤 인물 사진에도 추가하기 좋은 아이템이다. 특히 풍경을 등진 인물 사진은 더욱 그렇다. 큰 건축물은 눈에 띄고 더 넓은 장면에 있는 사람에게 캐릭터와 매력을 더한다.

맥락에 어울리는 액세서리를 보여줘라. 손목시계, 의자 등받이에 걸쳐 있는 핸드백이나 바닥에 늘어놓은 아이템이자 장면에 어울리게 스타일링한 액세서리들.

드러내고 싶은 기분이나 분위기를 반영한 옷을 입어라. 원단의 색깔, 질감, 무게, 그리고 실루엣과 옷을 걸친 장소는 인물 사진에서 분위기와 의미를 바꾼다.

스틸 사진만 고집하지 마라. 동영상은 움직임을 통해 옷차림과 옷을 보여주는 근사한 방법이다. 내가 가장 좋아하는 가수 '아니 디프랑코(Ani DiFranco)'의 말을 인용해보자. "나는 멋지게 사진 찍지 않는다. 나는 움직일 때 더 아름답기 때문이다."

특별한 의상과 멋진 드레스를 즐겨라. 파티의 문을 열고 뛰쳐나가기 전 사진이나 적어도 스냅 샷이라도 찍으며 즐겨보자. 가족이나 친구들끼리 어울리는 차림으로 차려입거나, 한 프레임 안에서 두 사람의 차이가 극명하게 보여주는 대비되는 옷을 선택하라.

관련 해시태그

#midsizestyle #mystylediary #ootdflatlay
('ootd'는 오늘의 옷차림, outfit of the day의 줄임말이다.)
#패션 #패션스타그램 #옷스타그램 #데일리룩
#데일리코디 #코디 #오늘의코디

당신이 평소 스냅 사진 찍을 때 입을 내밀지 않는다면 굳이 시도할 필요 없다. 나는 언제나 웃으며 빙그르르 돌면서 특이한 개성을 보여주려 한다. 사진을 검토하면서 어떤 점이 마음에 드는지 살펴보라(또한 당신이 평정심을 유지하게 할 참을성 많은 포토그래퍼가 있다면 도움이 된다). 정말로 어떻게 해야 할지 모르겠다면, 몇 가지 포즈를 연구해서 인스타그램 컬렉션에 저장해두라. 소품은 언제나 유용하다. 그러니 꽃이나 컬러풀한 잡지를 들고 포즈를 실험해보라.

@iamkristabel, UK

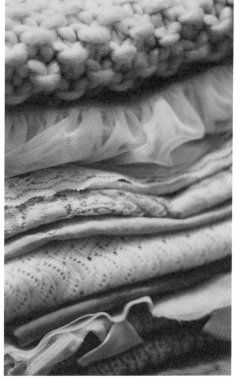

가족과 반려동물

최근 중고 시장에서 발견된 오래된 한 사진 슬라이드 박스에 대한 뉴스가 전해졌다. 장비를 찾아 사진들을 인화해보니 1900년대 초반의 가족사진이었다. 사진을 보니 낯선 이들의 일상생활 모습에 공감대가 형성되며 마음이 끌렸다. 우리와 가까운 이들의 인물 사진은 또다른 감성을 자극한다. 가볍고 자연스럽게 찍은 사진은 스튜디오에서 찍은 사진이나 설정된 전문 사진과는 전혀 다르다. 이러한 차이는 깊이 있는 애정을 담은 이미지를 만들어내어, 백 년이 지나도 프레임 밖으로 튀어나와 그 이야기를 들려줄 수 있다.

일상의 습관을 기억하라. 구두를 닦고, 아침 커피를 내리고, 머리를 스타일링하고, 세차를 하는 등 각자와 관련된 일상의 순간을 담아라.

다양한 표현을 포착하라. 나는 아기가 웃을 때뿐 아니라 울 때도 사진 찍으라는 팁을 전수해주신 시어머니께 평생 가슴 깊이 감사할 것이다. 갓난아기를 키울 때 아기가 우는 모습이 다시 보고 싶어질 거라곤 상상조차 하기 어렵다. 하지만 아기가 자라 그 모습이 잊힐 때쯤, 잔뜩 찌푸린 빨간 작은 얼굴을 보면 갓 태어났을 때의 절망적이면서도 마법 같은 시절로 돌아가게 한다. 진지

한 표정의 직장 동료, 차를 마시는 조부모님의 무표정도 그렇다. 우리는 카메라 앞에서 거짓 미소를 짓는 데 익숙해 있지만, 자연스러운 표정은 훨씬 더 많은 걸 표현한다.

반려동물도 가족이다. 그리고 소셜 미디어에서 항상 인기 있는 대상이기도 하다. 셔터가 열리기 전 동물들의 주의를 끌어 카메라를 보게 하려고 새로운 소리를 내는 앱이 있다. 이러한 앱은 어린이나 부끄러워서 카메라를 응시하지 못하는 이들에게도 유용하다.

온라인에서 다른 사람의 이미지를 공유할 때 항상 주의하라. 특히 어린이나 노약자에게 더욱 그렇다. 온라인 안전 문제와 무엇을 공유할지 결정하는 기준에 대해서는 190~193페이지에 자세히 설명해 두었다.

> **관련 해시태그**
>
> #thehonestlens #the_sugar_jar
> #hellostoryteller
> #육아 #육아스타그램 #육아맘 #아들맘
> #딸맘 #육아소통 #펫스타그램 #개스타그램
> #캣스타그램 #냥스타그램

나는 아이들을 최대한 자연스럽게
포착하려 한다.

인스타그램은 누구나 아이들 사진을 볼 수
있는 플랫폼이므로, 아이들을 과도하게
노출시키지 않으려 정말 신중하게
노력한다. 그래서 주로 위에서 내려다보며
찍거나, 몸의 일부 혹은 뒷모습을
찍는다. 내 사진에서 아이들을 분명히
드러내기보다 뭔가를 암시하고 싶다.
이것이 바로 이야기를 풀어놓는 절묘한
방법이다.

@cecilemoli, France

풍경과 자연

도심의 스카이라인이든 시골의 광활한 공간이든, 매일 보는 풍경은 당연시하기 쉽다. 내가 도시를 떠나 요크셔의 근사한 푸른 언덕으로 막 이사 왔을 때, 하루도 빠지지 않고 창문 밖 풍경을 감상하겠다고 맹세했지만 인스타그램 피드에 있는 머나먼 곳의 비현실적 풍경에 매혹되는 날도 적지 않다.

인스타그램의 뛰어난 글로벌 연결성은 익숙한 주변의 풍경을 다른 시각으로 보고 새롭게 본 듯한 경험을 주는 새로운 눈이 항상 존재한다는 의미이다.

풍경의 스케일을 담아라. 멀리 있는 집이나 전경의 인물 같은 디테일을 담아 크기의 대비를 보여주는 것이다.

앵글과 선에 특별히 유의하라. 드넓은 풍경을 촬영할 때는 수평선이 완벽히 직선을 이루어야 한다. (구성 관련한 팁은 57~69페이지를 참조하라.) 서고, 웅크리고, 좌우로 움직이는 등 다양한 각도에서 촬영하면 전경, 배경, 하늘을 다르게 구성할 수 있다.

사진의 지향점을 생각하라. 당연히 풍경 사진은 전통적으로 풍경 모드로 찍히지만, 온라인에 보이는 사진은 인물 중심 모드로 찍어야 화면의 더 많은 부분을 채울 수 있다.

목표는 풍경으로 이야기를 전하는 것이다. 어디서든 '사물이 아닌 순간'이라는 우리의 모토를 기억하자. 프레임, 날씨, 색상, 분위기, 디테일은 풍경 사진에 보는 이를 끌어당기는 생생함을 부여한다. 풍경화의 대가들이 인물이나 소, 집을 그렸듯 말이다.

주변 자연의 작은 디테일을 포착하라. 때때로 공원의 잔디밭을 가로질러 보이는 광경이나 꽃이 벽을 타고 떨어지는 모습이 우리의 풍경이 되기도 한다.

관련 해시태그

#exploretocreate #folkscenery
#beboundless
#풍경 #자연 #landscape #landscape_lovers
#nature #naturephotography

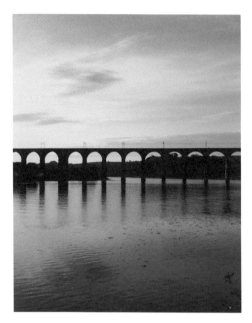

인스타그램에 포스팅하면 다른 사람들이 우리
사진을 볼 수 있다. 중요한 건 그들이 무엇을
보는지 생각해보는 것이다. 사진을 통해 무슨
말을 하고 싶은가? 무슨 이야기를 들려주고
싶은가? 어떤 색으로 기분을 전하고 싶은가?
실제로 주변을 돌아보고 당신의 사진이 어떻게
보이기 바라는지 시각화하고, 이를 구현하기
위해 해야 할 일을 해라. 자세를 바꾸며 변화하는
빛을 기다리라는 뜻이지만, 좋은 사진과 훌륭한
사진을 가르는 결정적 차이이기도 하다.

@theslowtraveler, UK

기발한 시도가 만들어낸 마법

주위의 세상을 포착하는 것에 대해 많이 얘기했지만, 내면세계도 이 세상의 한 축을 이루고 있다! 불가능한 장면을 상상하거나 백일몽을 프레임 안에 담고 싶을 때, 인스타그램은 기발한 창의적인 콘텐츠를 실현할 수 있는 최적의 공간이다.

단순하게 시작하라. 소품이나 거울로 마법 요소가 담긴 허를 찌르는 구성을 실험하라. 머리를 꽃잎으로 뒤덮거나 욕조에 우유를 채우는 식으로 일상의 습관에 변화를 주어 보자.

인위적 원근법을 시도하라. 사물을 실제보다 크거나 작게 보이게 하기 위해 카메라 가까이나 멀리 움직여보자('피사의 사탑을 받치는 관광객' 같은 전형적인 사진처럼 말이다!). 두 요소를 동시에 포착해 줄 친구나, 두 이미지를 별도로 찍은 뒤 디지털로 결합하는 편이 더 쉽다고 생각하는 능력자가 필요할 수도 있다.

추가 도움말이 필요하다면, 디지털 조작의 세계를 살펴보라. 어도비 포토샵이 사진 편집의 대명사이지만, 스마트폰에서 사용할 수 있는 픽스아트(PicsArt)처럼 보다 저렴하고 초보자 친화적인 앱도 다양하게 존재한다.

영감을 얻기 위해 여기저기 돌아다녀라. 좋아하는 잡지나 아동 도서는 물론이고 핀터레스트, 텀블러, 픽스아트 앱, 포토 스트림 같은 사이트도 아이디어와 영감을 불러일으킬 수 있다.

선을 지켜라. 가능한 한 영감을 믿어야 하고, 라이선스나 동의를 구하지 않은 채 저작권 있는 이미지를 사용하지 말아야 한다. 온라인에는 무료로 이용 가능한 다양한 이미지들이 있고, 구글 이미지 검색을 하면 저작권 없는 결과만 볼 수 있기도 하다.

> **관련 해시태그**
>
> #scenesfromtheceiling #mymagicalmirror
> #make_more_magic

내가 인스타그램을 하며 가장 중요하게 여기는
건 사람들을 끌어당겨. 다시 보거나 더 보고
싶다는 생각과 유대감을 느끼게 하는 이미지를
만들어내는 것이다. 나는 사람들이 스크롤하며
지나치지 않고 관심을 보이며 이미지와
교감하기를 바란다. 사람들이 잠시라도 다른
곳에 있는 기분을 느끼고, 잠시라도 웃고,
잠시라도 화가 나거나, 잠시라도 현실을 잊을 수
있도록 이야기에 빠져들길 원한다. 잠깐이라도
당신에게 휴식을 주는 이미지, 이것이 바로 내가
생각하는 좋은 인스타그램 이미지이다.

@bookishbronte, UK

내 세상 공유하기

나만의 전시회

사람들은 당신이 말한 것, 당신이 한 것은 잊을 것이다.
하지만 사람들은 당신이 어떤 느낌을 주었는지는 절대 잊지 않을 것이다.

마야 안젤루

인스타그램 갤러리는 사진과 동영상으로 직접 구성한 자신 인생의 전시회이다. 이 갤러리의 큐레이터이자 디자이너로서 갤러리를 세상에 어떻게 보여줄지 선택해야 한다. 무엇에 관한 전시회인가? 사람들에게 어떤 느낌을 주고 싶은가?

구글에 당신 이름을 쳐본 적 있다면 아마도 상위 두 개의 검색 결과에서 당신의 인스타그램 페이지를 발견했을 것이다. 인스타그램 프로필은 플랫폼이 점점 확장되어 스토리, 스토리 하이라이트 그리고 이제는 IGTV까지 더 많은 콘텐츠 옵션을 제공하면서 인터넷 홈페이지처럼 작용해 대중들에게 나를 소개하는 명함 역할을 한다. 곧 만날 소개팅 상대부터 미래의 고용주까지 모든 이들이 볼 수 있으므로, 우리는 역량을 충분히 발휘할 무언가를 만들어낼 필요가 있다.

인스타그램이라는 이름과 고려하면 역설적으로 느껴질 수도 있다. 인스타그램은 애초 스마트폰 카메라와 앱에 내장된 간단한 필터만을 이용해 그 순간을 '즉시(instant)' 공유하고자 만들어졌으니 말이다.

하지만 이제 우리는 미리 사진을 찍는다. DSLR을 들고 정교한 편집 소프트웨어를 사용하며 '그리드(grid)'에 올릴 만한지 생각한다. 모든 변화는 인스타그램의 엄청난 영향력과 잠재성을 깨달은 사람들로 거슬러 올라간다. 여기에 성패가 달려있기에 크리에이터들은 끊임없이 수준을 향상시켜야 했다.

처음에는 이미 많은 사람이 앞서 가는 경기에 뛰어든다는 사실이 벅차게 느껴질 수도 있다. 무엇을 공유해야 하는지 어떻게 알겠는가? 정말 하다 보면 배우게 될까? 세상이 우리가 실패하기를 기다리는 것 같을 때 창조적 충동을 충족하고 실험할 공간을 어떻게 마련할까? 다음은 의구심에 압도되었을 때 위안을 주는 조언이다.

당신은 뒤처지지 않았다

경주에서 경쟁하는 것이 아니다. 창조적인 여정이 길을 돌아내려 오거나 썰매를 타고 미끄러져 내려오는 과정이라고 생각해 보라. 얼마나 빨리 종착지에 이르는지는 중요하지 않다. 당신은 자신만의 길을 가고 있고, 결승선은 여전히 당신을 기다리고 있다.

팔로워의 이야기에 귀를 기울여라

누군가 당신의 코멘트나 캡션 덕분에 행복해졌다고

말했나? 공유한 스토리가 반향을 일으키고 평소보다 더 반응을 얻었는가? 팔로워들에 귀를 기울이면 우리 작품이 플랫폼에 가져오는 가치와 이떻게 하면 이를 더 많이 받을 수 있을지 알게 된다.

최고의 사진을 포스팅하라

사진 찍기 수준이 어떻든 그중에서 가장 괜찮은 사진을 갤러리에서 공유하라. 만일 사진에 갓 입문했다면, 실망스러운 부분이 보이겠지만 무엇을 개선해야 할지 알아볼 수 있는 능력을 길러야 발전할 수 있다. 계속해서 자세히 살펴보고, 분석하고, 무엇이 아쉬운지 스스로 물으며 최선을 다한 작품을 세상에 내놓아라. 최고의 작품이라 해서 완벽할 필요는 없다. 중요한 건 우리가 만들어낸 결과에 만족하고 기쁨을 공유하는 것이다.

대중의 학습곡선을 수용하라

누군가의 인스타그램 피드에서 지난 게시물을 보면 어떻게 발전해왔는지 볼 수 있다. 내 계정 @me_and_orla로 가면 엉성하고 흐릿한 아이폰 스냅 사진부터 오늘날 만들어내는 사진까지 내 스타일과, 기술이 진화해온 과정을 볼 수 있다. 제대로 준비된 것 같지 않으면 작품을 팔로워들에게 내놓기 두려울 수도 있다. 하지만 두려움을 극복했을 때의 보상은 크다. 인스타그램은 안전하게 자신을 드러내고 성장할 수 있는 공간이며, 모든 피드백과 관계는 전진할 최고의 동기가 된다. 발견의 여정을 공유하면 초기 관계를 구축하고, 사람들이 당신과 당신이 하려는 일에 관심을 두게 한다.

비판에 대한 두려움을 떨쳐라

머릿속으로 상상한 부정적인 반응에 휘둘리지 마라. 물론 낯선 사람들 사이에서 창조적 야망을 유지하기란 놀랍도록 힘들다. 그러므로 두려움을 느끼는 것도 당연하다. 그러나 사실 우리는 낯선 사람에게 비판받을까 염려하기보다는 우리를 잘 아는 사람들의 비판을 걱정한다. 그들은 우리를 어떤 한 가지로 분류해 놓고, 다른 면이 있으리라고는 생각하지 못한다.

그러면 어떻게 이런 판단을 하게 되었는지 주목하자. 그들이 이렇게 생각한다는 실제 증거가 있나? 이렇게 생각할 법한 무슨 말을 했나? 그랬다면 그들은 원래 부정적인 사람일 뿐, 나만을 미워하는 것은 아님을 기억하라. 만약 당신 주변에 이런 사람이 있다면, 그들이 그럴 자격이 있는지 그리고 관계를 지속시켜야 할지 생각해보라. 그렇지 않다면 부드럽게 그들을 놓아주자.

끊임없이 진화하라

지금 우리가 보는 모든 내용을 다른 온라인 플랫폼에도 적용할 수 있다. '불레틴 보드(bulletin board)' 포럼에서도 그랬고, 마이스페이스(MySpace)에서도 그랬으며 앞으로 나타날 다른 소셜 미디어에서도 적용될 것이다.

앱과 플랫폼은 변화하겠지만 이를 사용하는 동기, 즉 관계와 지역사회에 대한 인간의 욕구는 절대 사라지지 않을 것이다. 화면을 통해 의사소통하는 기술에 숙달되면 어떠한 환경 변화에서도 사람들과 관계를 맺을 수 있다.

갤러리 만들기

갤러리 페이지가 훌륭하면 괜찮은 팔로워가 증가한다. 머무르는 시간이 짧고 화면 공간도 한정된 환경에서 사람들은 점점 더 까다롭게 '팔로우' 버튼을 누르며, 대부분 불과 몇 초 동안 살펴보면서 좋은 콘텐츠가 있다는 증거를 찾는다. 통계 자료를 보면 균형 잡힌 갤러리가 일관성 없는 갤러리보다 신규 팔로워 유입에 유리하다고 한다. 만약 팔로우 버튼은 누르지 않고 개별적인 이미지만 좋아하는 방문자가 많다면, 대부분 갤러리 레이아웃이 문제다. 그렇다고 해서 자연스러움을 포기하란 뜻은 아니다.

다음은 본연의 매력을 잃지 않고도, 사람들의 시선을 사로잡아 끌어들이는 갤러리를 기획하는 몇 가지 팁이다.

앱을 이용하라

갤러리를 구성하는 가장 쉬운 방법은 인스타그램 기획(planning) 앱을 이용하는 것이다. 대부분 앱은 기존 인스타그램 갤러리와 동기화하는 옵션을 제공하므로 새 이미지를 끌어 놓고 어떻게 보일지 테스트해볼 수 있다. 종종 캡션과 해시태그 초안을 써볼 수 있어서 공유하기 전에 전달하려는 메시지와 가치를 생각해 볼 수 있다. 나는 보통 게시 전에 서너 개의 이미지를 정렬해 놓고는 다른 아이디어가 떠오를 여지를 두고 여유 있는 상태로 잠시 기다린다. 하지만 기다리지 못하고 당장 공유하고 싶다면 간단하게 새로운 레이아웃으로 작업하려던 것을 재배치하자.

대부분의 앱은 인스타그램에 직접 포스팅할 옵션을 제공하지만 타사 앱에 권한을 부여할 때는 주의해야 한다. 인스타그램 약관에 부합하는지 확인하고, 만약 미심쩍은 부분이 있다면 스마트폰 폴더에 저장한 뒤 구성해서 옛날 방식으로 업로드하라.

패턴

당신의 갤러리를 기획하는 재미있고 효과적인 방법은 이미지의 흐름에 패턴을 만드는 것이다. 패턴은 밝거나 어두운 이미지가 한 데 모여 있거나 유사한 피사체나 주제를 담은 사진이 집중되는 것을 피해, 갤러리에 시각적인 매력을 부여한다. 또한 메시지의 다양성을 유지하기도 한다.

서로 연관된 이미지를 배치해 패턴을 만들어보자. 단순히 나란히 배치하는 것이 아니라 한 사진 위에 다른 사진을 얹는 식이다. 이럴 때 기획 앱이 정말 유용하다! 추천하는 고전적인 옵션은 밝은 이미지와 어두운 이미지를 교차하여 체커보드(체스 게임판의 체크 모양과 같은 체크 무늬)처럼 구성하는 방식이다. 인스타그램의 격자 레이아웃은 세 개의 이미지를 보여주기 때문에, 체커보드식으로 구성하면 팔로워가 피드를 내릴 때 유사한 두 개의 게시물이 나란히 배열되지 않게 할 수 있다.

저장해두기

하루 동안 비슷한 내용을 많이 찍었다 해도 당장 그 전부를 게시하고 싶다는 유혹을 물리쳐야 한다. 팔로워들은 각각의 이미지를 별도로 소화하는 걸 선호하며, 비슷한 이미지가 넘쳐나는 이의 피드는 다소 부담스럽게 느끼는 경향이 있다. 갤러리의 두 행을 유사한 내용으로 채우기보다는 다른 이미지와 혼합해 포스팅하고, 일부는 보관해 두었다가 시간을 두고 천천히 분산해서 올리는 편이 낫다. 그러면 사람들이 각각의 이미지를 감상하고 당신의 갤러리 전체 뷰에 대한 다양하고 폭넓은 매력을 유지할 수 있다.

즐겨라

나는 친구들에게 그 주의 내 갤러리 배치가 얼마나 균형 잡혀 있고 조화를 이루는지 보면 내 마음 상태를 알 수 있다고 농담하곤 한다. 새로운 방문객들은 갤러리 상단 두세 줄을 보고 당신을 판단한다. 하지만 2주 후에는 그 줄이 아래로 밀려 내려가서 더욱 헌신적인 팔로워들만이 그 게시물을 볼 수 있다. 그러니 마음껏 실험하며 즐겨라. 사람들이 모이면 기분이 좋지만, 떨어져 나간다 해도 세상이 끝난 건 아님을 기억하라. 그저 전진하는 거다.

마음이 내킬 때 게시하라

매일 포스팅해야 한다거나, 하루에 여러 번 해서는 안 된다는 규정은 없다. 공유할 만한 가치가 있다고 느껴지면 게시하고, 당신이 그 한 주 동안 얼마나 활동적이었는지 콘텐츠로 말하라.

갤러리 게시물

각각의 인스타그램 게시물 내에서 슬라이더를 한 번 밀면 똑같은 캡션과 갤러리 썸네일
밑으로 여러 이미지를 공유할 수 있다. 이렇게 하면 더 많은 이야기를 전하거나 유사한
작품을 그룹화하는데 좋지만, 모든 사람이 그 추가 이미지를 훑어보진 않을 거라는 사실을
유념하자. 이미지의 도달 범위를 최대치로 높이려면 게시용으로 해당 이미지를 저장하고
세부 사진 및 다른 앵글로 찍은 사진은 갤러리 게시물로 사용하라.

캡션

이미지 밑에 써넣는 캡션은 별것 아닌 걸로 평가절하되곤 한다. 사람들은 이미지와 해시태그에는 몇 시간에 걸친 노력과 에너지를 쏟아 붓지만, 사진 아래에 캡션을 쓸 때는 공들이지 않는다.

하지만 캡션은 우리를 울고 웃게 하며, 사진을 한 번 더 곱씹어보게 하고, 댓글을 남기게 하며, 인스타그램 팔로워들과 연결해주는 통로이다. 알고리즘의 촉진 작용부터 새로운 친구 관계를 쌓기까지 캡션과 댓글은 숨은 영웅 같은 역할을 한다.

가치를 더하라

이미지와 마찬가지로, 캡션도 팔로워들이 시간을 투자할 만한 가치가 있어야 한다. 사람들이 뭔가를 얻어갈 수 있어야 한다. 캡션은 영감을 주는 문구나 레시피, 스타일링 팁이나 여행지 추천 같은 아이디어일 수도 있고, 동시대를 살아온 이들의 향수처럼 느낌 자체를 전할 수도 있다. 또한 캡션을 통해 팔로워가 친밀감을 느낄 수도 있고, 본인의 이야기를 들려줄 기회로써 대화의 시작점이 될 수도 있다. 만일 내가 누군가의 레시피를 사용한다면, 레시피를 올린 사람의 계정에 다시 들어가 또 무엇을 공유했는지 볼 가능성이 크다. 팔로워가 얻어갈 무언가를 줄 수 있도록 기억에 남고 강렬하며 실제적인 것을 만들어야 한다.

마이크로 블로그

당신이 무엇을 입고, 생각하고, 느꼈는지 캡션으로 남기는 기록은 팔로워에게 당신 곁에서 하루를 보낸 느낌을 준다. 이런 짧은 캡션은 실제 블로그 게시물에서처럼 감성을 불러일으키는 언어와 아름다운 디테일, 웃음으로 팔로워를 사로잡는 스타일과 기교가 필요하다.

트위터에서 혹은 술집에서, 아니면 점심 먹으면서 당신이 나누는 다양한 대화에 주목해보라. 어떤 주제가 대화의 물꼬를 트는가? 의사소통은 우리가 수없이 다양한 상황에서 매일 연습하는 예술의 한 형태이다.

댓글을 장려하라

질문을 덧붙이면 댓글이(그리고 알고리즘에 따른 순위도!) 늘지만, 무성의하거나 관련 없는 댓글은 있으나 마나다. 우리가 진정으로 듣고 싶은 진짜 질문을 해야만 대화를 유발하고 팔로워를 제대로 알게 된다.

> **캡션으로 질문했는데 아무 댓글도 없을까봐 두렵다면?**
> 친구들과 함께라면 더 쉬워진다. 다이렉트 메시지(DM)를 통해 게시물을 친구와 공유하며 게시물에 와서 댓글을 시작해달라고 하라. 그랬는데도 아무도 참여하지 않는다면 질문이 부적절한 것일 수도 있다. 굳이 그 이유를 파고들 필요는 없다.

매력적인 캡션을 쓸 소재 얻는 법

---

1. 최근 좋은 쪽으로든 나쁜 쪽으로든 흥분하거나 감정적으로 되었던 일은 무엇인가?

2. 최근 다른 사람과 공감할 수 있는 어떤 경험을 했는가?

3. 팔로워의 도움이 필요한 경험을 하고 있는가?

4. 친구들과 항상 대화를 나누는 주제는 무엇인가?

5. 팔로워들과 공유할 수 있는 것을 배우고 있는가?

6. 팔로워들에게 궁금한 점은?
   (사는 곳, 좋아하는 것, 나이 등)

7. 커뮤니티와 논의할 화젯거리는 무엇인가?

8. 이젠 밝혀도 될 창피한 일화가 있는가?
   (나는 기차 안 화장실 문을 잠그는 걸 깜박하고 볼일 보다 난처했던 일화를 고백한 뒤 엄청난 댓글을 받았다)

9. 지금 무슨 일을 하고 있나?

10. 오늘 당신 사진의 배경은 무엇인가?

캡션의 예시

크리스마스 이후 내가 가장 좋아하는 일은 봄날을 기다리며 씨 뿌리고 식물을
심는 것이다. 어이없는 짓이라는 거 잘 안다. 그러기엔 너무 이르고 추운 날씨
아닌가. 하지만 창틀의 화분에서 초록색 싹이 움튼 모습을 보고 있노라면 절로
치유되는 느낌이다.

인스타그램 스토리

스토리를 적절히 사용하면 일상생활이 진실하게 반영되고 장면의 이면이 더 빛난다.
나는 동영상, 스냅 사진, 음악으로 대화하는 부메랑 믹스를 즐겨 사용한다.
이런 작업이 잘되면 팔로워가 당신을 친구로 여길 수밖에 없다. 스토리는 가장 친밀하게
의사소통하는 방법이다. 실행 방식이 굉장히 개인적이기 때문이다.

@superlativelylj, UK

인스타그램 스토리는 플랫폼 내의 플랫폼으로, 더 완벽한 이미지로 구성되는 메인 갤러리와는 다르게 생생한 현실을 담은 공간이다. 콘텐츠는(프로필의 '하이라이트'에서 더 오래 노출되도록 하지 않는 한) 24시간 동안만 지속되며, 메인 갤러리에서 부족하다고 느낄 수 있는 자유로움과 일시성을 준다.

인스타그램이 트위터, 텀블러, 페이스북 등과 전혀 다른 플랫폼이듯, 스토리 역시 이와 명백히 구분되는 플랫폼이다. 스토리가 다른 SNS보다 좋은 점은 기존 인스타그램 계정과 완벽하게 연동되어 두 플랫폼에서 팔로워를 공유하고 각각에 영향을 줄 수 있다는 점이다.

스토리를 업데이트하면 다른 방식으로 팔로워들의 마음과 생각을 연결한다. 인스타 갤러리가 사려 깊고 성숙하게 접근하는 장소라면, 스토리는 정신없이 활발한 여동생 같다. 스토리에서는 즉흥적이고 정리되지 않은 콘텐츠도 괜찮다. 조사해 본 바로는 오히려 이런 콘텐츠야말로 원하던 것이라고들 한다.

팔로워를 고려하라

스토리와 갤러리에 쏟는 시간이 사용자마다 점점 다르게 나타나고 있다. 어떤 이는 스토리의 '거칠고 생생한' 느낌을 선호하는 반면, 다른 이들은 아름답게 정돈된 갤러리 페이지에 끌린다. 그래서 모든 이용자가 인스타그램 활동에 스토리를 수용하지는 않지만, 조만간 이 앱을 사용하는 사람들이 점점 많아질 것으로 예상한다. 지금은 스토리의 '초기 단계'지만 그 매력이 와 닿지 않는다면 당신은 팔로워에게 진정으로 어필하지 못할 것이다(팔로워 찾기에 대한 자세한 내용은 183페이지를 보라).

무엇을 공유할 것인가

메인 갤러리에서와 마찬가지로 스토리에서도 가치와 비주얼이 중요하다. 당신이 공유하는 것은 팔로워들의 관심을 포착해 메시지를 전하기에 충분한 내용을 담고 있어야 한다.

사진을 정교하게 편집할 필요는 없지만, 선명하고 초점이 맞으며 빛을 최대한 활용하고 프레임을 고려한다는 기본 규칙은 적용되어야 한다. GIF 이미지, 디자인 서식이 적용된 텍스트, 스티커, 음악은 모두 시각적으로

더 매력적인 콘텐츠를 만들어내는 데 도움이 된다. 단, 이를 콘텐츠 자체로 사용하기보다는 콘텐츠를 향상시키는 데 사용하자. 보컬리스트의 소리를 묻어버리는 반주를 좋아하는 사람은 아무도 없지 않은가(아, 음악 취향이 이상한 우리 남편을 제외하고 말이다).

동영상을 공유한다면 카메라를 최대한 흔들리지 않도록 주의하고, 각 슬라이드의 길이는 최대 15초라는 점을 기억하라. 더 긴 영상은 여러 개의 슬라이드로 분할될 수 있지만, 15초면 충분하다.

좋은 스토리가 모여 하루, 일주일 혹은 렌즈 뒤에 있는 사람의 삶에 대한 이야기를 형성한다. 하루가 저물 때까지 비디오 클립과 이미지를 저장하면 처음, 중간, 끝으로 구성된 흡인력 있는 이야기가 만들어질 수 있다. 그리고 사람들이 답할 수 있도록 DM을 활성화하는 것을 잊지 마라. 어쨌거나 우리는 여기서 사교 활동을 하려 하고, 의사소통이란 양방향이어야 하지 않는가.

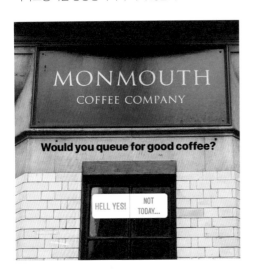

설문과 질문받기

스토리에 설문과 질문 스티커를 더하는 옵션은 팔로워들을 파악하고 쌍방향 관계를 맺을 수 있는 추가적인 방법이다. '내가 올린 레시피를 원하나요? 네, 그래요/ 아뇨, 유혹하지 마세요' 처럼 닫힌 질문에는 설문을, '올가을, 내 가게에 뭘 더 갖춰 두면 좋을까요?' 같은 심층적인 답변을 원할 때는 질문받기를 이용하라. 아니면 Q&A를 진행해 팔로워들에게 질문을 받은 뒤, 나중에 스토리에서 답할 수도 있다.

카메라에 대고 말하기

카메라에 대고 말하는 것은 차세대 소셜 미디어의 필수 기술로 주목받는 추세다. 브이로거(vlogger)와 실시간 방송 진행자들은 직접 대화를 나누며 많은 시청자를 확보하고 있는데, 많은 이들, 특히 '웹트로버트(Webtrovert, 실생활에서는 내성적이지만 인터넷에서만 활발한 사람)'들은 이를 부담스럽고 부자연스럽게 느낄 수도 있다. 그 요령을 터득하고 싶을 때, 첫 시작으로는 스토리가 적절하다. 당신의 팔로워만 볼 수 있고 공유하기 전에 원하는 만큼 녹화했다 삭제할 수 있기 때문

스토리 조회 수를 최대로 늘리려면 관련된 내용이 나올 때마다 태그와 해시태그를 넣어라.

그 사이즈를 줄이거나 두드러지지 않도록 배경색과 혼합할 수도 있다. 장소 태그만으로도 조회 수가 79%까지 늘어나는 것으로 나타났다.

설문에서 단순히 "예" "아니오"만 사용하지 마라. 사람들은 좋은 사람이 되고 싶어하고, 설문조사가 익명이 아니므로 진실하진 않아도 친절하게 답해줄 것이다. (다행 아닌가?) 예를 들어 새로운 색상, 사전 주문 등의 도입을 위해 스토리를 이용하려는 제품 기반 사업자라면, '지금 주문할게요' vs '나중에 할게요'로 시도해보자. 무엇보다 팔로워들의 의견이 정말 필요한지 자문해보라. 나는 '밀크티를 만들 때 우유와 차, 무엇이 먼저 들어가나?' 같은 일상의 질문으로 재미있는 설문을 만든다. 아니면

슈퍼마켓에서 누군가의 바구니에 담긴 물건을 보고 화가 치밀었던 때는 언제인지 같은 질문도 있다. 하지만 솔직해지자. '예, 아니오' 식의 설문이 정말 도움된 적 있었나? 정치에서도 그런 일은 없었고, 분명 당신의 인생에서도 완벽한 나침반이 되지 못한다.

재미로만, 적당히 하라. 정말 중요한 문제라면 당신은 이미 그 답을 알고 있다. 그리고 앞서 질문에 답하자면, 차를 먼저 넣는다. 매번.

@bettymagazine, UK

스토리에서 텍스트에 무지개색 입히기

텍스트를 입력한 뒤 색을 넣고 싶은 단어를 하이라이트로 지정하라. 그리고 지정된 텍스트 끝의 파란색 라인에 한 손가락을 대고, 다른 손으로는 보라색 옵션을 누른 채로 있는다. 이러면 색상표가 열린다. 두 손가락을 화면에 붙인 채 점차 왼쪽으로 밀면서 아래쪽 손가락으로는 색상표를, 위쪽 손가락으로는 선택한 텍스트를 움직인다. 몇 번의 시도를 거쳐 요령을 터득하면, 예쁘고 눈을 사로잡는 예쁘고 만족스러운 결과물이 도출된다!

시각 자료로 배워야 하는 사람이라면 meandorla.co.uk/hashtagauthenticbook에서 스토리용 템플릿과 함께 이에 대한 동영상 강좌를 보라.

이다. 다음은 몇 가지 팁이다. 화면에 나오는 자신의 얼굴말고, 카메라 렌즈를 쳐다봐라. 무엇을 말하고 어떻게 끝맺음할지 계획해라. 그리고 여러 번 연습하라. 얼굴이 화면에 나왔을 때 실제보다 멋져 보이게 하는 화면 필터를 사용해 긴장을 풀고, 자막이나 캡션을 덧붙여 시청자들이 당신이 하는 말을 알 수 있게 하라.

팔로워들과 더 활발하게 대화 나눌 소재나 노하우가 궁금하다면 meandorla.co.uk/hashtagauthenticbook 에서 '카메라에 대고 말하기' 도전을 확인하라.

인스타그램 라이브(LIVE)

인스타그램 라이브는 기존 팔로워를 비롯해 앱 전체 이용자들을 대상으로 '생방송'하는 것이다. 무시무시하게 들리지만 실제로 해 보면 놀라우리 만치 재미있어서,

많은 이들이 라이브를 즐긴다. 라이브 방송은 실시간으로 채팅하며 질문에 답하거나, 무언가를 보여주거나, 사용법을 설명하기에 효과적인 방법이다. 분할 화면 옵션을 통해 친구와 함께 라이브를 진행하기를 선택하면, 함께 할 파트너를 얻으므로 부담감도 줄어든다.

떨려서 시작하기 어렵다면 라이브 하기 전 당신의 프로필을 비공개로 설정해 놓은 다음, 끝낸 뒤 공개하는 것도 방법이다. 그러면 팔로워들만 볼 수 있어서 악플러가 잠입하는 루트인 인스타그램 홍보 페이지를 통해 들어오는 낯선 이들에게 공개되지 않을 것이다.

라이브 중에 스팸 댓글이나 욕설이 쇄도한다는 보고도 있으므로, 이런 문제로부터 자신을 보호할 방법을 알기 위해 190~193페이지에서 안전에 대한 조언을 확인하라.

흥미로운 인스타그램 스토리를 만들기 위한
아이디어 10가지

1. **사람 냄새가 풍겨야 한다.** 인기 있는 스토리는 생생하고 현실적이며 공감을 자아내는 것이다. 직장이나 집안일을 하며 겪은 실수를 공유하는 등, 툭 터놓고 솔직하게 자신의 이야기를 해라.

2. **소소한 지혜를 공유한다.** 매일의 레시피(사람들이 화면을 캡처해 저장할 만한 걸로), 생활의 지혜, 희망을 주는 명언, 육아 노하우, 사회적 변화를 일으킬 방법 등 다양하다. 일관성을 유지하기 위해 미리 만들어 저장해 놓아도 좋다.

3. **크든 작든 현재 겪는 문제를 공유한다.** 그리고 사람들에게 조언을 구하라.

4. **팔로워에게 이벤트나 여행에 함께하는 느낌을 준다.** 처음, 중간, 끝으로 이루어진 이야기를 만들 수 있도록 클립을 편집하라.

5. **짤막한 리뷰를 한다.** 읽는 책, 넷플릭스에서 보는 콘텐츠, 사용해본 마스크 팩, 마셔본 차 등에 대한 정보를 공유하자(사람들의 주목을 받고 그들이 당신의 스토리를 다시 포스팅할 기회를 마련하기 위해 해당 브랜드를 태그하라).

6. **최근 블로그 게시물을 읽으며 실시간 방송한다.** 그러면 해당 주제에 대한 질문에 답할 수 있다.

7. **실시간 모닝커피 타임을 진행한다.** 친구 초대 기능을 사용해 화면을 공유하면서 팔로워와 직접 대화한다.

8. **자신의 주요 콘텐츠를 강화한다.** 주로 다루는 내용과 연관된 일상을 공유하라. 나의 갤러리는 마법 같은 순간을 주제로 한다. 그래서 끓는 주전자, 황야 위에 떠오른 무지개, 갓 배달된 편지의 손글씨를 공유한다.

9. **이면을 보여주자.** 당신의 일, 일상, 사업, 삶의 다른 모습을 공유하는 것이다.

10. **인스타그램에서 당신이 좋아하는 다른 콘텐츠를 공유한다.** 인스타그램 스토리에서 이를 공유하려면 해당 포스트(자신의 것 포함) 하단의 종이 비행기 아이콘을 누르면 된다.

자신의 기준에 따른 성공

천천히 자라는 나무에 최고의 열매가 맺힌다.

몰리에르

자, 지금 당신은 콘텐츠에 집중하고 있다. 그러면 팔로워 수는 어떻게 늘릴 것인가? 소셜 미디어가 확실한 통계에 근거해 인기도를 산출하는 서비스를 제공하면서 이러한 질문이 무엇보다 중요해졌다. 하지만 실제로는 조금 더 복잡미묘하다. 팔로워가 있어야 하지만, 인기를 얻으려고 팔로워 수가 많아야 할 필요는 없다.

작품을 온라인에 게시하면 좋은 점은 즉각적인 피드백을 얻을 수 있다는 점이다. 이것은 멋지면서도 한편으로는 부담된다. 이런 이유에서 나는 숫자에 연연하지 말라고 조언하고 싶다.

인스타그램은 알고리즘을 사용해 콘텐츠를 정렬하는 다른 플랫폼과 마찬가지로 사진의 작품성에 우선순위를 두지는 않는다. 인스타그램은 영리 기업으로서 공유된 횟수, 게시물 체류 시간, '좋아요'나 댓글 등 반응이 좋은 콘텐츠를 홍보하는 데 관심을 둔다. 그러므로 자신의 기준에 따라 성공을 측정하는 자세가 중요하다.

'좋아요'와 댓글

이미지를 게시할 때마다 이 두 기본 숫자, 얼마나 많이 '좋아요'와 댓글을 받았는지 확인하게 된다. 사람들 대부분은 자신의 작품이 얼마나 많이 '좋아요'를 받는지에 근거해 판단하는데, 이는 정말 말도 안 된다고 생각한다.

보는 이의 입장에서 어떤 생각으로 '좋아요'나 댓글을 남기는지 생각해보자. 어느 쪽이 더 가볍게 내뱉는 것이고, 어느 쪽이 더 깊은 반응인가? 당신이 관계를 구축해 주변에 참여도 높고 충성스러운 공동체를 만들고 팔로워와 실제로 의미 있는 상호작용을 하려면, 노력을 투자할 척도는 바로 댓글이다. 물론 '좋아요' 수로 매긴 순위표에서는 두각을 나타내지 못하겠지만, 팔로워와 더 발전된 관계로 변화된다는 점에서는 댓글이 '좋아요'보다 훨씬 더 가치 있다. 따라서 댓글 수가 점차 늘어나고 있다면 제대로 하고 있다고 믿어도 좋다.

팔로워(그리고 언팔로워)

사람들이 집착하는 또 다른 숫자는 팔로워 수이다. 그 이유는 쉽게 파악할 수 있다. 마이스페이스나 페이스북의 초기 시절부터 얼마나 많은 친구나 팔로워가 있는지에 따라 인기도를 판단해왔기 때문이다. 하지만 SNS 활동은 '많이 잡아야 하는' 포켓몬 게임이 아니다. 수는 적지만 참여도 높은 커뮤니티가, 수는 많지만 일반적인 커뮤니티에 비해 두 배는 가치 있고 영향력이 더 크다.

당신에게 적합한 사람들

팔로워 수를 늘리려 한다면, 우선 그 이유와 그 뒤의 계획에 대해 생각해야 한다. 뭔가를 만들어 판매하고 싶은가? 인플루언서가 되거나 자신의 블로그를 홍보하고 싶은가? 아니면 전 세계에 마음이 맞는 사람들과 관계를 맺고 교류하고 싶은가?

'그저 팔로워 수가 많으면 좋겠어'라고 생각할 수도 있다. 그러면 비유를 통해 설명해보겠다.

당신이 평론가들의 극찬을 받는 예술 영화를 만들었다고 상상해보자. 예술적이고 아름다운 흑백 영화다. 인지도를 높이기로 한 당신은 방송사에, 황금 시간대 초인기 프로그램 중간에 영화를 방송해 달라고 요청한다. 쇼가 멈추면 영화가 시작되는 것이다. 그러면 무슨 일이 벌어질까?

시청자 98%는 잠깐 보다가 금세 다른 채널로 돌릴 것이다. 당신의 예술 영화에 문제가 있는 건 아니다. 다만 모두를 위한 영화가 아닐 뿐이다.

온라인 팔로워들도 마찬가지다. 내일 10만 명의 새로운 팔로워가 생긴다면 게시물마다 엄청난 팔로워가 사라지는 걸 동시에 보게 될 것이다. 모두가 우리가 만들어낸 작품을 보기 위해 인스타그램에 들어오는 것도 아니고, 모두가 당신의 작품을 인정하는 '적합한' 사람인 것도 아니다. 그러니 어떻게 돼도 괜찮다.

언팔로우를 마음에 담아두지 마라. 우리 작품을 싫어하거나 인정하지 않는 사람들은 주변에 둘 사람이 아니다. 금을 가려내는 것과 비슷하다. 우리의 관심사는 찬란하게 반짝이는 황금을 가려내는 것일 뿐이다. 그 밖의 다른 건 오히려 걸러지는 게 더 좋을 먼지에 불과하다.

최근 인스타그램을 대하는 자세는 바뀌었다. 많은 친구와 가족들의 최신 소식을 놓치고 있다는 사실을 깨달으면서였다. 500명이 넘는 사람들을 팔로우하다보니 모든 걸 훑어보기도 어려웠기 때문이다! 그래서 계정을 분리하기로 했다. 지금은 직업 계정(팔로워 수 32,000명)과 개인 계정 80명 뿐)을 운영 중이다. 덕분에 조카들의 뜻에 반해 수천 명의 사람에게 그들의 사진을 공유하는 건 아닐까 염려하지 않고 조카들의 사진을 올릴 수 있고, 가족이나 가까운 친구들의 게시물을 놓치지 않게 되었다. 또한 직업 계정도 좋아한다. 새로운 사람들을 발견하고, 업무적으로 그들을 지원하고, 내 책이나 팟캐스트, 이벤트를 공유하는 것도 즐겁다. 블로그(약식으로 일상 업데이트하는 용도)와 핀터레스트(영감과 동기부여를 얻기 위한 용도)를 이용한 것과 똑같은 방식이다. 사람들이 내 이메일 주소를 찾아 연락할 수 있도록 팔로워가 많은 계정을 "비즈니스 계정"으로 설정했다. 인스타그램은 내 사업의 일부이자 돈을 버는 방법의 작은 부분을 차지한다. 나는 명확한 기준으로 두 계정을 운영하는 데 만족한다. 이 방법은 인스타그램을 이용하는 "유일한" 방식이 아니라 내게 맞는 방식일 뿐이다.

@emmagannon, UK

내 사람들 찾기

5년 남짓 인스타그램을 해 왔는데 매일 멋진 커뮤니티를 볼 때마다 놀라곤 한다.
최근 아주 개인적인 건강 이야기를 공유했는데 엄청난 사랑과 지지를 보내주었다.
눈물이 날만큼 감동적이었다. 인스타그램은 낯선 이의 친절을 진심으로 믿게 한다.

@busraqadir, Germany

그러면 예술 영화 타입 혹은 우리에게 필요한 사람들을 어떻게 찾을까? 첫 단계는 우리의 진정한 팔로워는 누구일지 생각해보는 것이다. 그리고 가까운 곳에서 손쉽게 찾을 수 있는 꽤 좋은 가이드라인이 있다. 일반적으로 잘 맞는 사람은 자신과 매우 비슷하다. 같은 걸 좋아하고, 웃음 코드도 같고, 같은 가게에서 쇼핑하며, 비슷한 가치관을 따르고 있다. 현실에서 만난다면 친구가 될 만한 사람들이다. 그렇기 때문에 자신에게 관심을 기울이는 데서 시작해야 한다.

새로운 게시물이나 계정을 어떻게 찾는가? 어떤 키워드나 해시태그로 검색하는가? 포스트에 위치나 가게를 태그하는가? 이를 바꿔 생각하면 우리의 콘텐츠가 앱에 나타나는 결과를 조정할 수 있다.

해시태그

해시태그는 게시물을 다른 사람이 검색할 수 있도록 카테고리를 지정해 색인화하는 방법이다. 온라인 콘텐츠의 양이 엄청나게 증가하면서 해시태그로 주목받기는 어려워졌지만, 여전히 정기적으로 탐색하고 사용할 가치는 충분하다.

인스타그램은 한 게시물 당 최대 30개의 해시태그를 허용하지만, 개인적으로는 발견 확률을 높이기 위해, 널리 사용되는 것과 덜 인기있는 태그를 혼합해서 10개 정도 사용하기를 권한다. 캡션이나 댓글 어느 쪽에 넣어도 별 차이가 없고, 공유할 이미지와 주제에 맞게 태그를 사용한다. 수백만 이용자들에게 노출될 기회가 제공되는 '주말 해시태그 프로젝트'나 '#whp' 같은 해시태그 도전, 콘테스트를 찾아보라.

나는 월간 해시태그 뉴스레터에서 계절이나 화제를 담은 참신한 태그를 공유하고 있다. meandorla.co.uk/hashtagauthenticbook에서 신청하라.

탐색

탐색은 앱의 돋보기 아이콘을 누르면 나오는 페이지로, 알고리즘이 당신이 좋아할 유형의 게시물을 격자 모양으로 정리해 보여준다.

탐색 버튼을 누르면, 배우고 성장하기에 좋다. 게시물은 복잡한 요소를 토대로 탐색되지만 게시 후 30분 동안 '좋아요'나 공유, 댓글이 많이 달린 게시물이 노출될 가능성이 크다.

친구 추천

프로필 페이지의 사용자 이름 옆 아래 방향 화살표를 누르면 '추천 계정' 목록이 나타난다. 새로 팔로우한 사람은 자동으로 이 목록에 표시되며, 앞부분에 노출되면 당신 계정에 새로운 팔로워가 유입될 가능성이 높다. 또한 부계정으로 로그인하여 알고리즘이 당신과 비슷하다고 제안하는 계정을 확인해 스스로 시험해 볼 수도 있다.

연결이 어떤 식으로 계산되는지 정확한 기준은 철저히 비밀에 부쳐져 있다. 추측건대, 자주 댓글로 소통하거나, 페이스북이나 DM으로 연결된 사람들 혹은 자신의 게시물이나 스토리에 당신의 계정을 자주 언급한 사람들이 연결되는 것 같다.

알고리즘

인스타그램에 친숙한 사람이라면 알고리즘에 대한 불평을 들어봤을 것이다. 2016년 이용자의 타임라인을 재조정하기 위해 도입되었는데, 공식적인 도입 의도는 모든 사람에게 자신들이 팔로우하는 사람들의 재미있고 관련된 콘텐츠를 보여준다는 것이었다. 하지만 많은 이들이 이러한 변화가 게시물의 노출에 영향을 미쳐 친밀도, 도달 범위, 성장이 감소했다는 의견이 많다. 그리고 나 역시도 전적으로 동의한다. 알고리즘은 본질적으로 결함이 내재되어 있고 지나치게 단순해서, 인스타그램처럼 친목을 주고받는 커뮤니티에서는 오히려 인간관계에 지장을 주어 어색하고 잘못된 느낌을 준다. 만약 당신이 뭔가를 열심히 만들었는데 제대로 도달되지 않는다면 화가 날뿐더러, 새로운 게시물을 올리기 두렵지 않겠는가.

하지만 몇 년이 지난 지금, 나는 지지받기 어려운 결론에 이르렀다. 이젠 알고리즘을 향한 비난을 멈춰야 한다는 것이다. 이것이 오늘날 소셜 미디어의 현실임을 인정해야 한다. 크리에이터로서 우리가 할 일은 알고리즘을 기반으로 한 생태계 안에서 성공할 콘텐츠를 제작하거나 그 에너지를 다른 곳에 쓰는 것이다. 나는 알고리즘이 적용된 이후의 인스타그램에서 수많은 크리에이터들이 성장하는 걸 도왔다. 그리고 여전히 성장 가능하다고 믿는다. 성공의 핵심은 유연함을 유지하고 열정을 따르는 것이다. 그러면 시스템이 우리에게 제시하는 변화 이상을 만들어낼 수 있다.

당신은 비슷한 성향의 커뮤니티를 찾았다. 그러면 어떻게 그들을 팔로워로 바꿀까? 답은 간단하다. 현실 사회에서처럼 서서히 그룹에 녹아드는 것이다.

좋은 콘텐츠가 열쇠라면 친밀도는 온라인 커뮤니티를 이루는 현관 전등이다. 진심을 담은 댓글, '좋아요'와 친목 도모는 우리 작업에 빛을 비추고 자연스럽게 우리를 발견하게 한다.

조금씩 자주 공유하라. 나는 하루에 규칙적으로 짬을 내어 친밀도 높이는 시간을 마련한다. 주전자의 물이 끓기를 기다리거나 은행에서 줄 서 있을 때처럼 5분 정도 짬을 내면 당신의 커뮤니티 내 다른 사람들을 응원하면 사랑으로 되돌아온다.

댓글과 DM에 최대한 답을 하라. 답을 한다는 건 예의와 친절을 보여줄 뿐 아니라 상대에게 당신의 존재를 상기시키고 관계를 맺는 데 도움이 되는 행위이다.

호의를 돌려주어라. 사람들이 정기적으로 당신의 게시물에 들러 관심을 표한다면 친절을 표하며 그들의 페이지에 답방(마치 답장을 보내듯이 상대방 인스타그램에 방문하는 것을 말함)가는 것이 예의다. 당신을 팔로우하는 모든 사람을 팔로우할 필요는 없지만 그들의 페이지에 방문해 그들의 삶을 파악하고 댓글을 남기면 당신의 감사하는 마음이 전해진다. 댓글은 성의 있게. 짧은 댓글로는 진지한 반응을 얻지도 못하고 좋은 관계를 쌓기도 어렵다. 정리하자면, 댓글의 수는 적되 사려 깊고 친밀하며 진실한 댓글을 남겨라.

거품에서 벗어나라. 알고리즘의 가장 큰 단점은 우리가 이미 좋아한 것을 계속해서 보여준다는 점이다. 임의의 검색어를 앱에 넣고, 지구 반대편에서 자신의 계정을 확인하면 거품에서 벗어날 수 있다. 인기 검색어나 해시태그를 구글 번역기에 넣어보면 눈이 번쩍 뜨일 것이다.

타이밍을 잘 맞춰라. 인스타그램에 게시물을 올릴 때 즉시 참여하고 답할 수 있는 시간적 여유를 두어야 한다. 알고 있듯, 게시물을 올린 뒤 첫 30분은 참여도와 도달에 큰 영향을 미치는 시기이므로 상호작용하고 당신의 페이지에 대한 관심을 이끌기 위해서는 접속 상태를 유지하는 편이 좋다.

무리하지 마라. 호감을 표하는 활동은 좋지만, 단시간에 지나치게 많은 '좋아요'를 누르면 한 시간 정도 활동 정지 상태가 된다. 마찬가지로, 짧은 댓글을 너무 많이 남기거나 비슷한 단어를 너무 많이 사용해도 스팸 경고가 작동되어 일시적으로 계정이 잠긴다. 이용자 대부분은 이런 단계에 이르지 못하지만, 이는 자동으로 '좋아요'나 댓글을 남기는 프로그램을 사용하지 말아야 하는 또 다른 이유이기도 하다.

인스타그램 밖으로 확장된 성공

인스타그램은 내면세계를 표현하는 최고의 도구이다. 지금껏 내가
키워온 꿈에 대해 그 순간 떠오르는 느낌을 전 세계 친구들과 공유할 수 있다.
이는 미래를 향한 새로운 무언가를 만드는 동기가 된다.

@errer_, Japan

인스타그램 팔로워는 대단한 존재다. 언제 어디서든 찾을 수 있는 주머니 속의 공동체이다. 그러나 이것은 더 큰 무엇을 향해 가는 단계의 하나일 뿐 최종 목적지가 아니다. 온라인에서 팔로워가 많으면 '해냈다'는 생각을 품기 쉽다. 팔로워 규모에 부응할 수만 있다면 당신의 삶은 완전무결해질 것만 같다. 하지만 그렇지 않으며 그렇게 되지도 않을 것이다. 아무리 완벽히 꾸민 집이라도, 아이들에게 TV를 거의 안 보여주는 엄마라도, 짬을 내어 새벽 요가를 아무리 많이 하더라도, 생각하고 느끼고 잠자는 방식에는 차이가 없다.

인스타그램을 통해 새로운 세계로의 문을 열 수 없다는 것은 아니지만, 가장 중요한 단계는 자신의 원대한 목표를 파악하여 자신에게 무엇이 정말 중요한지 명확히 파악하는 것이다.

우리는 통장 잔고와 직업적 성취를 성공의 척도로 여겨왔지만, 성장하는 인터넷 기업가들을 보면 지금까지와는 다른 새로운 기준을 세운다. 어떤 이에게는 부유함이 성공이겠지만, 다른 이에게는 아이들이 자라는 동

안 많은 시간을 보내고 주 3일 일하면서도 생계를 유지하는 자유일 수도 있다. 내 경우엔 만성적인 건강 문제가 있으므로 집에서 할 수 있는(가능하다면 침대에서) 일인지가 인스타그램을 시작할 때 우선시한 목표였다.

이런 일을 가능하게 하는 핵심은 인스타그램 친구들과 당신이 깨달은 모든 교훈을 다음 단계의 더 큰 희망과 계획으로 옮기는 것이다.

메일링 리스트를 확보하라

전체 팔로워와 의미 있는 교류를 하는 최고의 방법은 바로 직접 이메일을 보내는 것이다. 만약 소셜 미디어 플랫폼이 내일 해체된다 해도 메일링 리스트만 있으면 그간의 관계를 유지할 수 있다.

메일침프(Mailchimp) 같은 제공업체에서 무료로 시작해서 당신의 웹사이트나 인스타그램 프로필 URL에 간단한 양식을 추가해 이메일 주소를 추가하면 된다(당신이 어떤 용도로 이메일 주소를 사용하며 정보 보호 규정 및 규칙을 준수한다는 점을 명확히 설명하라).

클릭 수를 높여라

어떻게 하면 팔로워를 인스타그램에서 우리 사이트로 유입할 수 있을까? 프로필 페이지에는 링크가 하나만 등록되지만, 이를 활용해야 한다. 최근 가게를 열었다고? 사람들에게 알려라. 블로그에 새 게시물을 올렸다고? 팔로워가 알게 하라. 당연한 이야기 같지만 많은 이들은 자기 홍보를 피한다. 사실은 우리가 뭔가 멋진 걸 창조해내면 팔로워 또한 그걸 알고 싶어하는 데 말이다.

대부분의 SNS 플랫폼은 임의의 문자열이 아닌 읽을 수 있는 타이틀로 '예쁜' URL을 만들 수 있는 옵션을 제공한다. 또한 프로필 링크가 어디로 연결되는지 보여주는 미리 보기 기능도 있어서 오히려 더 많은 관심을 이끌어 낸다.

스토리 내에 링크를 넣으면 클릭 수가 눈에 띄게 올라가지만, 현재는 팔로워 만 명 이상의 인증된 비즈니스 계정에 한해 허용된다. 이런 기능이 있건 없건 간에 스토리를 당신의 인스타그램 콘텐츠 미리 보기로 활용해, 화면 캡처과 인용문, 티저를 공유하라.

끝까지 해내라

진심이 담긴 관심을 받은 팔로워는 오랫동안 우리 곁에 남는다. 나는 10년 전 좋아했던 아티스트와 블로거들을 아직도 좋아한다. 그들의 삶도 진화했고 나도 그랬지만 그들의 작품에 담긴 각각의 목소리는 여전히 나와 연결되어 있다. 물론 삶에서 어떤 것을 보증할 방법은 없지만, 진심과 열정을 간직한다면 미래에 일어날 일에 동력과 관심, 관련성을 유지할 기회를 얻을 수 있다.

마지막으로 전하는 팁이다. 빠르게 성장하고 싶어서, 팔로워나 '좋아요'를 구입하는 '속임수'를 쓰고 싶어져도 그런 생각은 멈춰라. 에너지를 일에 쏟아라. 인위적인 방법으로 숫자를 부풀리는 것은 가짜 근육 복장을 입고 투르 드 프랑스에서 우승하려는 것과 같다. 미숙한 제삼자가 보기엔 괜찮아 보일 수도 있고 잠시 당신의 기분이 더 나아질 수도 있지만, 결국은 문제가 되고 허무함만 남을 남을 뿐이다.

진정한 성공의 비결

빠른 해결책을 찾아, 성공으로 가는 지름길을 찾고 싶은 유혹을 잘 안다. 하지만 의미 있는 결과를 얻기 위해선 그 과정에서 교훈을 얻으며 천천히 지나와야 한다. 내게 정말 의미 있는 팔로워가 생기기까지 2년이 걸렸고, 이를 비즈니스로 발전시키기까지 또 2년이 걸렸다. 대부분의 사람이 소셜 미디어는 자신들과 맞지 않다고 한다면, 시간이 더 필요할지도 모른다.

지금까지 공유한 모든 조언을 정리하면 다음과 같다. 이건 성실함과 열린 마음, 끈기를 발휘하는 근성과 더불어 성공으로 가는 진짜 비법이다.

1. 근사한 콘텐츠를 게시하라.

당신이 찍은 가장 아름다운 사진, 가장 재미있는 동영상, 가장 공감을 불러일으키는 이야기일 수 있다. '근사함'은 시간이 흐르면 변하며 매번 다르게 느껴진다. 완벽한 기준이 있는 게 아니므로 마음을 따르는 노력을 하라.

2. 참여, 참여, 참여.

당신이 비욘세가 아니라면(안녕, 비욘세! 읽어줘서 고마워요!) 당신의 소셜 미디어는 단순한 방송 플랫폼이 아니다. 단서는 이름에 있다. '소셜'이라는 부분이 핵심이다. 매일 자신의 계정보다는 다른 사람의 계정을 탐색하는 데 더 많은 시간을 보내라. '좋아요'를 누르고, 댓글을 남기고, 공유하고, 토론하라. 마치 파티에 혼자 가서 새 친구들을 사귀는 것과 비슷하다. 이제 당신의 안전지대에서 벗어나 당신이 찾는 사람들이 있는 곳을 서성이며 친근하게 굴어야 한다.

3. 호기심을 유지하라.

새로운 것을 시도하고 결과를 지켜보라. 사람들은 왜 그 게시물에 반응하지 않았을까? 당신의 질문에 모두가 답했다는 사실이 무슨 의미일까? 내가 인스타그램 활용 팁을 올릴 때마다 트래픽이 폭증하는 걸 보면서 팔로워들이 인스타그램에 대한 내 생각을 듣고 싶어한다는 사실을 처음으로 알게 되었다. 그래서 이를 충족한 게시물을 쓴 뒤, 전자책으로 만들어 무료 배포하면서 차츰차츰 강의나 간담회를 열었고 마침내 이 책을 쓰기에 이르렀다. 뭔가를 해내는 사람의 특징은 호기심, 즉 기꺼이 놀라려는 마음이다.

4. 마법 지팡이는 없다.

여기엔 지름길도 없다. 우리 자신이 누구이며 세상과 정말로 공유하고 싶은 것이 무엇인지 알아냄으로써 온라인에서 가치 있는 무언가를 만들어낼 수 있다. 플랫폼이 점점 더 복잡해지고 많은 이의 관심 범위가 줄어들면서, 독특한 목소리와 명확하면서도 일관된 메시지, 강한 자존감을 지닌 사람이 두각을 나타내 성공하게 되었다. 과정의 중요함을 믿고, 계속 배우고 공유하면서, 그 과정에서 얻는 지식과 경험보다 가치 있는 건 없다는 사실을 알아야 한다.

안전과 분별력

타이머를 맞춰라

소셜 미디어에 쉽게 빠져드는 성향이라면, 중독 상황에서 벗어나기 위한 간단한 방법이 있다. 바로 스마트폰에 타이머를 설정하는 것이다. 특정 앱 사용이나 온라인 접속 시간을 제한하는 유용한 앱도 있다. 소셜 미디어에 쓰는 시간이 얼마 정도가 적당한지 혹은 정상적인지 판단 기준은 개인마다 다르다. 중요한 건 어느 쪽이든 본인의 의도가 반영되어야 하며, 아무 생각 없이 시간을 흘려보내선 안 된다는 점이다.

안전장치를 사용하라

인스타그램에는 원치 않는 팔로워, 욕설과 비방, 특정 키워드를 차단하고 당신이 선택한 사람에게는 스토리를 숨길 수 있는 옵션이 있다. 또한 언제든 프로필을 비공개로 전환할 수(다시 되돌릴 수도) 있으며, 특정 게시물에는 댓글 달기 제한 설정도 가능하다. 어뷰징(abusing), 부적절한 콘텐츠, 스팸 게시물로 신고되면 인스타그램은 이를 검토해 삭제할 수 있다. 인스타그램은 온라인에서 가장 우호적이고 친절한 커뮤니티라서, 누군가 당신을 공격하려 한다면 팔로워들이 적극적으로 신고하며 방어할 것이다. 내 경우에도 수천 개의 게시물을 올렸지만 끔찍한 댓글을 받은 건 두어 번밖에 되지 않는다.

탐색 페이지를 정리하라

지속적으로 불쾌하고 혐오스럽고 정신 건강에 해로운 콘텐츠가 노출된다면 이런 게시물을 보고 싶지 않다고 신고하라. 신고 방법은 매우 쉽다. 신고하고 싶은 게시물을 누른 뒤 오른쪽 상단 구석의 점 세 개를 누르면 '이 게시물 유형 적게 표시'라는 옵션이 나타난다. 문제가 있는 모든 게시물에 이렇게 하면 알고리즘이 개선된 제안을 할 것이다.

현명하게 포토샵을 사용하라

'카메라는 거짓말하지 않는다'라는 표현은 이제 더 통하지 않는 시대이다. 카메라는 진실을 기록하겠지만, 우리가 보는 사진은 포토샵이나 스마트폰 보정 앱으로 쉽게 보정된다. 이미지를 손보는 건 비단 유명 연예인이나 모델만이 아니다. 요즘은 패션 블로거와 일반인들도 편집 옵션을 이용해 팔로워들이 진짜라고 믿는 가짜 실체를 만들어내고 있다. 이런 문제를 해결하기 위해선 팔로워인 우리가 보는 대상이 무엇인지 파악하고 이를 제대로 해독하는 방법을 잘 알아야 한다.

무자격 전문가를 경계하라

인터넷에서 낯선 사람과 자신의 건강 문제를 상담하지 마라. 대부분은 좋은 의도로 상담해주며, 그중에는 훌륭한 사람들도 있겠지만 인스타그램만으로는 좋은 정보와 나쁜 정보를 구분하기 어렵다. 또한, 팔로워 수

나 파란색 '인증' 표시가 있다 해도 진짜 자격증을 대신할 수 없다. 조사하고 추천서를 확인하고도 의심스럽다면 (오프라인의) 의사에게 물어보라.

광고 게시물을 가려내라

앞서 언급한 두 가지와 함께 작용하면 마케팅 목적이 보이지 않는 혼란스러운 세계가 된다. 그렇다면 어떻게 가려낼까? 법적으로 인스타그램 사용자들은 이런 게시물이나 스토리 상단에 배너를 달거나 최소한 #sponsored(#협찬), #ad(#광고) 같은 해시태그라도 사용해 홍보 게시물임을 밝히게 되어 있다. 무상으로 제품만 받았다면 '협찬'이나 '리뷰 제품' 같은 문구를 적어 그 사실을 명시해야 한다. 하지만 이런 사실을 밝히지 않은 데 따른 처벌이 꽤 가볍기 때문에, 많은 협찬 게시물은 여전히 명확히 드러나지 않는다. 다음의 몇 가지 특징으로 숨겨진 광고 게시물을 파악할 수 있다. 포장이 노골적으로 전면에 두드러지며, 브랜드가 두드러지게 태그되고, 캡션에서는 제품에 대한 찬사를 늘어놓는다. 의심스러우면 게시자에게 광고인지 물어보라. 그들은 기꺼이 답변해야 할 의무가 있다.

마음에 들지 않는 계정은 언팔로우하라

너무도 당연한 얘기지만, 많은 이들이 이렇게 하지 못한다. 팔로워를 기분 상하게 하거나 잃을까 두렵기도 하고, 상처주는 게시물에 단순한 불쾌함만 느끼기 때문이기도 하다. 지금 당장 당신을 힘들게 하는 사람을 언팔로우해라. 그들의 불가능할 정도로 완벽한 삶이나 '친구로 가장한 적(frenemy)'이기 때문일 수도 있고, 그들의

당신의 계정을 안전하게 지키기 위해 지금 당장 실천해야 할 다섯 가지

1. 설정으로 가서 '불쾌한 댓글 숨기기' 옵션을 선택하라. 게시물과 라이브 방송에서 필터링하고 싶은 다른 키워드를 추가할 수도 있다.

2. 2단계 인증을 설정해 계정을 더 안전하게 지키고 해킹을 더 어렵게 하라.

3. 자기소개란에 올린 이메일은 계정등록에 이용한 이메일과 달라야 한다. 사기꾼들은(scammer) 프로필 페이지에 나와 있는 이메일을 이용해 피싱 메일을 보내 패스워드를 알아낸다.

4. 계정에 연결된 이메일과 전화번호를 최신 상태로 유지하라. 계정이 잠기거나 해킹당하면 이를 통해 계정에 접근해야 하기 때문이다.

5. 데스크톱용 브라우저를 열고 인스타그램 설정으로 이동해 계정에 액세스할 권한을 부여한 타사 앱을 확인하고, 잘 모르겠거나 더 정기적으로 사용하지 않는 항목은 삭제하라.

행동으로 당신의 자존감을 의심하게 되는 일도 있기 때문이다. 언팔로우했을 때 감당해야 할 감정적 부담이 크다면 '뮤트(mute)' 기능을 이용해 보고 싶지 않은 사람들을 감춰라. 당신의 정신건강과 행복은 귀중한 자원이며, 우리에게 미치는 영향을 고려하는 것도 중요하다.

타인으로부터 받는 인정에 집착하지 마라

가장 큰 위험이자 흔히 직면하는 문제는 온라인에서 인정받으려는 덫이다. 사진에 '좋아요'를 많이 받으면 기분이 좋아지면서 우리 사진이 가치 있다고 믿게 된다. 하지만 다음 사진의 반응이 미진하면 좌절감을 느끼고, 사진 찍은 자신을 탓하게 된다. 이런 용도의 앱이 아닌데, 자존감 관리를 통째로 맡긴 것 같다. 하지만 어떤 소셜 미디어도 사진과 캡션이 좋은지, 나쁜지 데이터를 제공하는 도구가 아니다. 트렌드나 알고리즘, 시간대, 사용자에 따라 왜곡되어 나온 결과일 뿐이다.

2년 전 인기를 끌었던 사진을 지금은 아무도 보지 않는다. 인기를 끄는 사진은 당신이 알고리즘과 시스템 안에서 잘 작동하는 콘텐츠를 만들어냈다는 증명일 뿐이다. 이런 덫에 빠진 느낌이라면 벗어나도록 노력해야 한다. 자신이 찍은 사진을 스스로 평가하고, 이를 주요 동기로 삼아 우선순위로 두어라.

실제가 아님을 언제나 기억하라

인스타그램 이용자들이 드러내는 모습은 그들 삶의 1%일 뿐이다. 소셜 미디어는 우리 삶의 아름다운 부분, 다시 말해 많은 이들이 흥미롭다고 생각하는 부분을 편집해 보여준다. 가끔 그렇지 않은 부분도 공유하지만 이조차도 조심스럽게 결정한 내용이다. 당신의 현실을 타인의 밝게 강조된 일부분과 비교하지 마라.

아이들

부모, 보호자 뭐가 되었든 아이들 사진을 공유하는 건 골치 아픈 문제다. 개인적으로는 좋은 부모나 보호자라면 언제나 아이들의 안전을 고려해야 한다는 입장이다. 아이가 충분히 컸다면 아이 스스로 이 문제에 결정권이 있어야 한다. 온라인에서 이미지가 공유되는 아이들이 낯선 사람에 의해 피해입을 확률이 높다는 통계적 증거는 없지만, 굳이 불필요한 위험을 초래할 필요는 없다. 경험에 따르면 중요한 건 '나라면 이 사진/이야기를 공유하고 싶을까?' 자문해 보는 것이다. 아이 이름이나 다니는 학교 등 불필요한 개인 정보는 공유하지 마라. 그리고 누군가를 위험에 빠뜨릴 것 같은 게시물을 보면 원게시자를 찾아가 적절한 방식으로 알려주자.

개인 생활

인터넷을 통해 다른 사람과 연결되는 가장 효과적인 방법은 개인사를 공유하는 것이다. 나는 수천 번을 넘게 경험하며 이런 깨달음을 얻었다. '업로드'할지 말지 고민했던 게시물일수록 굉장한 반응을 끌어모았던 것이다. 그렇다면 사생활과 개인적 감정을 지켜야 하는 부분과 공유할 부분 사이에서 균형을 어떻게 유지해야 할까? 나는 마음속에서 완전히 괜찮다고 느껴지기 전까지 어떤 것도 공유하지 않는다. 때로는 위기상황이라는 캡션을 쓰거나 블로그 포스팅을 할 수도 있지만, 마음 놓고 공유할 여유가 생길 때까지 한 달 이상 그대로 있는다.

소셜 미디어에서
건강한 관계를 맺기 위한 십계명

1. 과시하지 말고, 공유하라.

2. 자신보다 다른 이의 계정에서 더 많은 시간을 보내라.

3. 인간미를 보여라.

4. 다양한 방법을 활용하라.

5. 자신에게만 집중하지 말고 다른 이에게 관심을 보여라.

6. 정말로 잘 아는 것을 만들어내라.

7. 당신의 열정을 따라라.

8. 유쾌함과 호기심을 유지하되 너무 진지해지진 말라.

9. 자신의 영역에 책임감을 가져라.

10. 자신을 다른 사람과 비교하지 마라.

감사의 말

먼저 로리와 올라에게 감사를 전한다. 그들은 모든 파스타 볼을 꺼내는 걸 도와주고, 의자를 꼭 잡아 주었으며, 우스꽝스러운 사진을 찍으러 이상한 장소로 떠난 여행에 참을성 있게 동반해주었다. 당신 둘은 내 세상이야. 올라. 훗날, 네 회고록에서 이 모든 추억을 아름답게 써 주렴. 사진 저작권에 합의해 줄게.

아름다운 이미지를 제공해준 @meliamelia.co의 조와 제임스와 이 책을 쓰는 동안 여러 생각과 조언을 공유해 준 훌륭한 크리에이터들 모두에게 깊이 감사를 표한다. 이는 내가 존경하는 많은 이들의 이야기가 책에 담겼다는 뜻이다.

시안, 이자벨, 애나에게 감사와 사과의 말을 함께 전한다. 사소한 것 하나 놓치지 못하는 나의 강박증에 엄청난 참을성을 발휘하며 이 책이 제때 출간되도록 해 주었다. 당신들의 끝없는 지원이 없었더라면 이만큼 아름답고 특별한 책이 나오지 못했을 것이다.

무엇보다 독자, 팔로워, 팟캐스트 구독자, 수강생, 친구들에게 감사한다. 이 책을 산 여러분은 내 평생의 꿈이 실현되도록 도운 셈이다. 나 역시 이 책으로 여러분이 나처럼 꿈을 이루는 데 조금이나마 일조하기를 바란다.